龙凤图腾

龙凤崇拜与舞龙舞狮

肖东发 主编　李姗姗 编著

中国出版集团
现代出版社

图书在版编目（CIP）数据

龙凤图腾 / 李姗姗编著. — 北京：现代出版社，
2014.11（2020.01重印）
（中华精神家园书系）
ISBN 978-7-5143-3061-8

Ⅰ. ①龙… Ⅱ. ①李… Ⅲ. ①图腾－文化－中国
Ⅳ. ①B933

中国版本图书馆CIP数据核字(2014)第244305号

龙凤图腾：龙凤崇拜与舞龙舞狮

总 策 划：陈　恕
主　　编：肖东发
作　　者：李姗姗
责任编辑：王敬一
出版发行：现代出版社
通信地址：北京市定安门外安华里504号
邮政编码：100011
电　　话：010-64267325 64245264（传真）
网　　址：www.1980xd.com
电子邮箱：xiandai@cnpitc.com.cn
印　　刷：山东省东营市新华印刷厂
开　　本：710mm×1000mm　1/16
印　　张：11
版　　次：2015年4月第1版　2020年1月第3次印刷
书　　号：ISBN 978-7-5143-3061-8
定　　价：40.00元

党的十八大报告指出："文化是民族的血脉，是人民的精神家园。全面建成小康社会，实现中华民族伟大复兴，必须推动社会主义文化大发展大繁荣，兴起社会主义文化建设新高潮，提高国家文化软实力，发挥文化引领风尚、教育人民、服务社会、推动发展的作用。"

我国经过改革开放的历程，推进了民族振兴、国家富强、人民幸福的中国梦，推进了伟大复兴的历史进程。文化是立国之根，实现中国梦也是我国文化实现伟大复兴的过程，并最终体现为文化的发展繁荣。习近平指出，博大精深的中国优秀传统文化是我们在世界文化激荡中站稳脚跟的根基。中华文化源远流长，积淀着中华民族最深层的精神追求，代表着中华民族独特的精神标识，为中华民族生生不息、发展壮大提供了丰厚滋养。我们要认识中华文化的独特创造、价值理念、鲜明特色，增强文化自信和价值自信。

如今，我们正处在改革开放攻坚和经济发展的转型时期，面对世界各国形形色色的文化现象，面对各种眼花缭乱的现代传媒，我们要坚持文化自信，古为今用、洋为中用、推陈出新，有鉴别地加以对待，有扬弃地予以继承，传承和升华中华优秀传统文化，发展中国特色社会主义文化，增强国家文化软实力。

浩浩历史长河，熊熊文明薪火，中华文化源远流长，滚滚黄河、滔滔长江，是最直接的源头，这两大文化浪涛经过千百年冲刷洗礼和不断交流、融合以及沉淀，最终形成了求同存异、兼收并蓄的辉煌灿烂的中华文明，也是世界上唯一绵延不绝而从没中断的古老文化，并始终充满了生机与活力。

中华文化曾是东方文化摇篮，也是推动世界文明不断前行的动力之一。早在500年前，中华文化的四大发明催生了欧洲文艺复兴运动和地理大发现。中国四大发明先后传到西方，对于促进西方工业社会的形成和发展，曾起到了重要作用。

中华文化的力量，已经深深熔铸到我们的生命力、创造力和凝聚力中，是我们民族的基因。中华民族的精神，也已深深植根于绵延数千年的优秀文化传统之中，是我们的精神家园。

总之，中华文化博大精深，是中国各族人民五千年来创造、传承下来的物质文明和精神文明的总和，其内容包罗万象，浩若星汉，具有很强的文化纵深，蕴含丰富宝藏。我们要实现中华文化伟大复兴，首先要站在传统文化前沿，薪火相传，一脉相承，弘扬和发展五千年来优秀的、光明的、先进的、科学的、文明的和自豪的文化现象，融合古今中外一切文化精华，构建具有中国特色的现代民族文化，向世界和未来展示中华民族的文化力量、文化价值、文化形态与文化风采。

为此，在有关专家指导下，我们收集整理了大量古今资料和最新研究成果，特别编撰了本套大型书系。主要包括独具特色的语言文字、浩如烟海的文化典籍、名扬世界的科技工艺、异彩纷呈的文学艺术、充满智慧的中国哲学、完备而深刻的伦理道德、古风古韵的建筑遗存、深具内涵的自然名胜、悠久传承的历史文明，还有各具特色又相互交融的地域文化和民族文化等，充分显示了中华民族的厚重文化底蕴和强大民族凝聚力，具有极强的系统性、广博性和规模性。

本套书系的特点是全景展现，纵横捭阖，内容采取讲故事的方式进行叙述，语言通俗，明白晓畅，图文并茂，形象直观，古风古韵，格调高雅，具有很强的可读性、欣赏性、知识性和延伸性，能够让广大读者全面接触和感受中国文化的丰富内涵，增强中华儿女民族自尊心和文化自豪感，并能很好继承和弘扬中国文化，创造未来中国特色的先进民族文化。

青玉波

2014年4月18日

华夏图腾——中华神龙

龙舞翩跹——舞龙习俗

百鸟之王——凤凰传说

驱邪降魔——舞狮文化

中华神龙

　　龙是古代传说中的一种神异动物，能大能小，能升能隐，具有兴云吐雾、隐介藏形，飞腾太空、潜伏波涛之能，它与白虎、朱雀、玄武并称四神兽。龙是华夏民族的图腾，中华民族的象征，龙文化上下几千年，源远流长，对龙的崇拜深深地印在了炎黄子孙的骨血里。

　　中华民族自称龙的传人，我国古代帝王也自称为真龙天子以示威严。龙文化蕴含着我国人民自古重视天人合一的宇宙观、阴阳交合的发展观和兼容并包的多元文化观，具有深刻的文化内涵。

人文初祖与神龙的交融

　　相传在四五千年前，我国南方的水乡泽国有一个以龙为图腾的百越族，他们在每年的农历五月初五，都要举行龙舟竞渡，以祭祀龙图腾。在祭祀过程中，人们用"五彩丝系臂"，并断发文身，以显示自

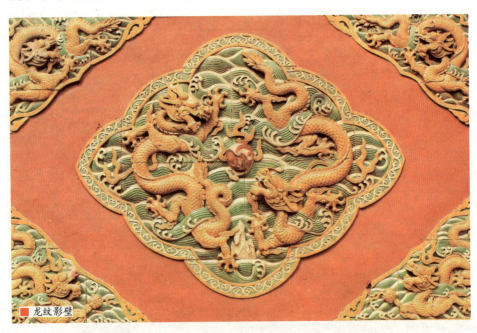

■ 龙纹影壁

已是龙子的身份。

百越族图腾的龙到底是什么样的动物呢？在神话传说中，龙是一种神异的动物。它的长相奇特，很像各种动物的大集合。

龙的身体修长，体表像蛇一样有鳞片，它的角像鹿一样，耳朵像牛，嘴上有两条像虾一样的须，也有又大又凸的圆眼睛，还拥有像老鹰一样的爪子，老虎一般的脚掌，背上有鱼鳍，嘴里含有一颗珠子。

■ 中国龙雕刻

宋代罗愿作的训诂书《尔雅翼》中曾这样形容龙的外貌：

> 龙者鳞虫之长。王符言其形有九似：头似牛，角似鹿，眼似虾，耳似象，项似蛇，腹似蛇，鳞似鱼，爪似凤，掌似虎，是也。其背有八十一鳞，具九九阳数。其声如戛铜盘。口旁有须髯，颔下有明珠，喉下有逆鳞。头上有博山，又名尺木，龙无尺木不能升天。呵气成云，既能变水，又能变火。

龙的这种融合了许多动物的奇异长相，并没有影

百越族 是居于我国南方和古代越人有关的各个不同族群的总称。文献上称之为"百粤"。在其自身发展过程中，他们受到其周围古文化、特别是中原文化的影响，从而日益汇入我国古文化之中，为缔造我国的历史文化做出了自己卓越的贡献。

■ 龙啸九天

龙辇 皇帝乘坐的马车。龙辇前面由六匹骏马驾驭，车身镶嵌有金银玉器、宝石珍珠；车身还雕刻有龙凤图案，尽显皇家的尊贵豪华气派。龙辇仅有皇帝和皇后可以乘坐，也是皇权至高无上的标志。龙辇相关记载始见于《史记·秦始皇本纪》。

响人们对它的喜爱，君主帝王对龙的心仪更甚，几乎把一切都与龙联系起来。

比如，皇帝生气称为"龙颜大怒"，皇帝高兴就叫"龙心大悦"，皇帝生病就叫"龙体抱恙"，皇帝的子孙是"龙子龙孙"，所有的皇帝也都会自称为"真龙天子"。

同时，皇宫中的一切器物、服饰、用具上也都打上了龙的印记，如"龙袍""龙衮""龙冠""龙座""龙床""龙辇""龙舟"和"龙船"等。

皇宫中最重要的装饰就是龙纹和龙雕、龙塑，如柱、脊、檐、梁、栏杆、藻井等无不布满龙纹。例如，仅故宫的太和殿内外各种龙饰、龙雕等各种形式的龙就有1.38万条。

为什么古代君王会如此狂热地喜爱龙呢？这还要从我国的"五帝"之首，被尊为中华"人文初祖"的轩辕黄帝开始说起。

传说轩辕是少典与附宝之子，本姓公孙，因有土德之瑞，故号黄帝。黄帝以统一华夏部落与征服东夷、九黎族而统一中华的伟绩载入史册。黄帝在位期间，播百谷草木，大力发展生产，始制衣冠、建舟车、制音律、创医学等，是中华文明的奠基者。

黄帝的诞辰是农历三月初三，我国自古就有"二月二，龙抬头；三月三，生轩辕"的说法。黄帝刚出生之时的外貌就被称为"龙颜有圣德"。

在黄帝还未统一天下时，曾与九黎族部落首领蚩尤开战。蚩尤发动了他铜头铁额、个个本领非凡的兄弟们，又召集了山林水泽间的魑魅魍魉等鬼怪，摆出了毒雾阵，把黄帝的军队围困起来了。

黄帝驾着谋臣风后发明的指南车，指挥军队冲出毒雾阵。蚩尤又派魑魅魍魉去作战，黄帝则叫兵士们用牛角军号吹出龙的声音，吓跑了这些鬼怪。

黄帝的手下有个叫应龙的，是龙的一种。我国古代杂传类著录《述异记》记载："龙五百年为角龙，千年为应龙"，应龙就是修行了千年的龙。

应龙在黄帝与蚩尤的对战中发挥了很大作用，它能呼风唤雨，帮助黄帝打败了蚩尤而立下大功。我国先秦重要古籍《山海经·大荒北经》记载说：

蚩尤作兵伐黄帝。黄帝乃令应龙攻之冀州之野。应龙畜水。

我国第一部纪传体通史《史记·五帝本纪》记载说："黄帝使应龙杀蚩尤于凶黎之谷。"传说应龙立下战功后，由于消耗能量过大

■ 青龙铜雕

■ 黄帝高擎龙旗

《史记·五帝本纪》《五帝本纪》是西汉史学家司马迁《史记》中的第一篇，记载的是远古传说中相继为帝的5个部落首领的事迹，同时也记录了当时部落之间频繁的战争，部落联盟首领实行禅让，远古初民战猛兽、治洪水、开良田、种嘉谷、观测天文、推算历法、谱制音乐舞蹈等多方面的情况。

无力振翅飞回天庭，就悄然去了南方休养，蛰居在山泽里，因此南方总是雨水多又潮湿。

黄帝统一天下后，有一天晚上，他梦见有两条龙从黄河中出来，持一幅白图献给他。黄帝不解，就去询问天老。天老高兴地回答说："这是天赐的祥瑞，河图洛书要出的前兆啊！"于是，黄帝便与天老等人游于河洛之间，沉璧于河中，杀三牲斋戒。

最初，河中一连3天大雾。之后，又是七天七夜的大雨。接着就有黄龙捧图自河而出，黄帝连忙跪接过来。只见图上五色毕具，白图蓝叶朱文，正是河图洛书。

黄帝知道黄龙必定是来传送上天旨意的，但是他不解河图洛书之意，就开始巡游天下，封禅泰山，寻访高人。他听说有个叫广成子的仙人在崆峒山，就前去向他请教。

广成子指点黄帝说："自你治理天下后，云气不聚而雨，草木不枯则凋。日月光辉，越发的缺失，而佞人之心得以成道，哪里值得我和你谈论至道呢？"

黄帝回来后，就自建了一个小屋，里边置上一张席子，一个人在那里反省了3个月。而后又到广成子那里去问道。当时广成子头朝南躺着，黄帝就跪着膝行到他跟前，问他如何才得长生。

广成子这时坐起身说："这下才算是问对了！"接着，他就告诉至道之精要。广成子的话，被记载在古籍《自然经》中：

至道之精，窈窈冥冥，至道之极，昏昏默默。无视无听，抱神以静。形将自正，必静必清；无劳妆形，无摇妆精，方可长生。

■ 龙雕

河图洛书 我国古代流传下来的两幅神秘图案，历来被认为是河洛文化的滥觞。河图洛书是中华文化，阴阳五行术数之源。最早记录在《尚书》之中，其次在《易传》之中，诸子百家多有记述。太极、八卦、六甲、九星、风水等皆可追源至此。

赤湾天后宫龙纹雕刻

目无所见，耳无所闻，心无所知，如此，神形合一，方可长生。

这段话的中心意思是说："道"是看不见、摸不着的客观规律，所以对外界瞬息万变、五光十色、影响身心健康的事物，千万不能执着，应该一切按客观规律而行，顺其自然，达到内心"必清必静"的程度，自然就可以健康长寿。

黄帝向广成子问道后，又登王屋山，得取丹经，并向玄女、素女询问修道养生之法，而后，回到缙云堂修炼。

根据《史记·封禅书》的记载：黄帝采来首山铜，在荆山下铸九鼎。鼎刚刚铸成，突然间风云变色，万籁俱静，一条龙从云层中现身，飞向了黄帝。这条巨龙的眼睛像是一块硕大的墨玉，长啸声如狂风怒吼，遍布鱼鳞的躯体上闪烁着金光，长长的龙须轻轻飘动。

人们都惊呆了。这时，这条巨龙飞降到了地面上，温和地对黄帝说："你已经明白了河图洛书的寓意，也使中华文明进了一大步，玉帝十分欣慰，因此派我来接你升天，去觐见玉帝，让你功德圆满。"

黄帝一听，点了点头，就跨上龙背，并且对群臣说："玉帝要召见我了，你们多保重，再会了。"

大臣和百姓们都十分舍不得黄帝，希望追随他，都说："请让我们追随您去吧！"然后爬上了龙背。

巨龙眨眨眼，一言不发地扭动着身躯，把那些人都摔了下来。又有人用力抓住了长长的、闪着银光的龙须。巨龙仍然没有理会，快速飞上天空，一下子就消失在云雾中了。

大家这时才明白，并不是任何人都有资格骑上龙背的，只有像黄帝那样尊贵、仁义，有大功德的人才能与龙并驾齐驱。由此，龙就成了皇帝君王的专属神物了。

随龙而去的黄帝也舍不得自己的子民们，他把平日不离身的弓扔下了凡间。就这样，人们只能靠黄帝的弓来怀念他。

后来，为了纪念这件事，人们就把当时铸造宝鼎的湖称为鼎湖，那把弓称为乌号。因为黄帝乘龙而去，不再归来，后人们也把帝王的去世称为"龙去鼎湖"。

《帝王世纪》

为东汉著名学者皇甫谧所著。是专述帝王世系、年代及事迹的一部史书，所叙上起"三皇"，下讫汉魏。《帝王世纪》的内容多采自经传图纬及诸子杂书，载录了许多《史记》及两《汉书》阙而不备的史事，有很高的史料价值。

■ 金色龙雕塑

■ 龙形浮雕

我国的另一位华夏始祖炎帝也和龙有着很深的渊源。我国专述帝王世系的史书《帝王世纪》上就记载说：

神农氏母曰任姒，有蟜氏之女，名女登。为少典妃。游于华阳，有神龙首感女登于常羊，生炎帝。

炎帝的母亲是在见到龙之后生下了炎帝，这个说法在东汉王符所著的点评时事的《潜夫论·五德志》中也有记载：

有神龙首出常羊，感任姒，生赤帝魁隗。身号炎帝，世号神农，代伏羲氏。

这些说法，将炎帝的出生与龙联系在一起，即认为炎帝是一个"龙种"，因此身份尊贵，注定要成为君王。后来，炎帝果然登临帝位，又制耒耜，种五谷，立市廛，为人民造福。

民间传说炎帝生下来时就具有龙的容颜，他的母亲女登曾在宝鸡姜水东岸的泉水中为炎帝洗澡，洗完澡后又骑上一条青龙，飞到蒙峪石洞隐居去了。随后，那眼泉水中出现了九条小龙，从此名为九龙泉。

龙王 我国神话传说中在水里统领水族的王，掌管兴云降雨，为人间解除炎热和烦恼，是我国古代人民非常敬重的神灵。传说共有东海龙王敖广、西海龙王敖钦、南海龙王敖润、北海龙王敖顺这4个以海洋为区分的四海龙王。

据说，炎帝3岁时就曾拜见龙王，要求龙王施雨要均匀。在炎帝将升天的时候，各处的龙王都争抢着要把炎帝的肉体埋在自己管辖的地方。最后，湖南酃县的龙如愿以偿，并在炎陵山下洣水河边留下了龙脑石、龙爪石等遗迹。

在我国古代传说中，除了黄帝和炎帝外，君王与龙的渊源轶事还有很多。例如，"五帝"之二的颛顼，"乘龙而至四海"，巡行天下，无比威严；"五帝"之三的喾帝，"春夏乘龙"也是离不开龙的；"五帝"之四的尧帝，他的出生更与龙有着直接的关系，即其母庆都"出以观河，遇赤龙"，一阵"晻然阴风，而感庆都"孕而生尧。

尧出生后，在唐地曾梦见自己"御龙以登天，而有天下"，后来居然梦想成真，成为华夏部落的第四任首领。

"五帝"之五的舜帝，也是生成一副"龙颜大口黑毛"的模样。他对龙格外钟爱，给善于驯养龙的人

■ 筑上的龙雕

龙凤图腾

龙凤崇拜与舞龙舞狮

赐姓为"董氏"，专设畜龙之官，并在联盟议事会的"九官""十二牧"中封龙为"纳言"之职。

我国第一个奴隶制王朝夏王朝的奠基者禹帝，则与龙有着更为直接的关系。在禹出生之前，还是尧在治理天下，当时世间暴发了大洪水，人们的生活极为艰难。禹的父亲鲧为了治理洪水，从玉帝那里偷出了一种能自己生长、永不耗减的土壤，叫作息壤。

结果这件事被玉帝发现了，玉帝对鲧进行了惩罚。据《山海经·海内经》里记载：

帝令祝融杀鲧于羽郊……三岁不腐，剖之以吴刀，化为黄龙。

鲧虽然被处死，但是他的躯体三年都没有腐烂。

■ 龙形雕刻

祝融用吴刀剖开鲧的肚子，立马飞出了一条黄龙，这条黄龙就是禹。

■ 飞龙雕刻

禹继承了父亲的遗愿，成功地治理了水灾。我国第一部浪漫主义诗歌总集《楚辞·天问》中，记载了大禹治水时充分利用了龙：

禹治洪水时，有神龙以尾画地，导水所注，当决者，因而治之也。

东晋王嘉所著的志怪小说集《拾遗记》也曾经记载道：

禹尽力沟洫，导川夷岳，黄龙曳尾于前，玄龟负青泥于后。

从这些文献的记载中可以看出，神龙曾以尾扫地，帮助禹疏导洪水。这和应龙帮助黄帝作战一样，

《拾遗记》 东晋方士王嘉所著。共10卷，前9卷记自上古庖牺氏、神农氏至东晋各代的历史异闻，其中关于古史的部分很多是荒唐怪诞的神话。汉魏以下也有许多道听途说的传闻，尤其宣扬神仙方术等，多诞谩无实，为正史所不载。末1卷则记昆仑等8个仙山。

龙形雕刻

都是为了帮助能造福于百姓的英雄帝王，这正是人们喜爱龙的原因之一。

相传禹对龙的脾气秉性十分的熟悉，有一次"禹省南方，济乎江，黄龙负舟，舟中之人，五色无主"。但禹却镇定自若地说道："余何忧于龙焉？"这一点更说明了龙与古代君王之间的亲密的关系。

正式把皇帝称龙是在秦代，秦始皇就被称为是"祖龙"。到了汉代，又有刘邦称龙体感应其母而生。汉代以后的历代君王，也总是把自己和龙联系在一起，从汉代到明清时期，各朝代以"龙"作为年号的就有20个。

总之，"人文初祖"与神龙的交融，虽然经不起自然科学的验证，但是从社会学和民族学、民俗学的角度来看，它确实是历史的真实，是原始宗教和图腾信仰。"五帝"与神龙交融在一起，是具有顽强生命力的一种龙文化现象，受到后来各个民族的认同和尊重。

阅读链接

传说有一天，明孝宗朱祐樘曾问文渊阁大学士李东阳："朕曾听说龙生九子的说法，那这九子各是什么动物呢？"才高八斗的李东阳竟然也不知道。他退朝后左思右想，最后列出一张清单。

按李东阳的清单，龙的九子是趴蝮、嘲风、睚眦、赑屃、椒图、螭吻、蒲牢、狻猊、囚牛。不过在民间传说中的龙子却远远不止这几个，狴犴、貔貅、饕餮等等都被传说是龙的儿子。其实所谓龙生九子，并非龙恰好生九子。如果非要选出九子来的话，也应该选出其中在民间影响最大的9个。

皇帝龙袍上的龙图案

　　中华龙文化，博大精深。帝王的龙袍，也是处处蕴含着丰富的龙文化内涵。据史籍记载，周代有官名"司服"，这些官员专门"掌王之吉凶衣服"。周天子用于祭祀的那些烦琐的礼服，已经开始采用

乾隆皇帝龙袍

十二章纹样。

十二章图案传说在虞舜时期，就已经出现并使用了。它包括日、月、星辰、山、龙、华虫、藻、火、宗彝、米粉、黼和黻。据《虞书·益稷》篇中记载：

■ 中国古代丝织龙袍

予欲观古人之象，日、月、星辰、山、龙、华虫作会，宗彝、藻、火、粉米、黻、黼、绨绣，以五彩彰施于五色，作服汝明。

《虞书》是记载最早的关于十二章图案的书籍。《虞书》中的这种记载，大概是周代史官们对前代的追述。这样看来，上述的所谓日月等十二种纹样，在周代以前就用画或绣的方法施之于皇帝的衣服上了。说明周代以前就已经使用十二章图案，并且一经出现就成为皇帝的权力象征，具有政治意义。

十二章纹样的题材由来已久，原始社会的人们就观察到：日、月、星辰预示气象的变化；山能提供生活资源；弓和斧是劳动生产的工具；火改变了人类的生活方式；粉米是农业耕作的果实；虎、猴、华虫即红腹锦鸡是原始人狩猎活动接触的对象；龙是我国古人早就崇拜的图腾对象；黼和黻是垂在身前的长方形织物。

龙凤图腾

龙凤崇拜与舞龙舞狮

成语 我国汉字语言词汇中一部分定型的词组或短句。成语有固定的结构形式和固定的说法，表示一定的意义，在语句中是作为一个整体来应用的。成语有很大一部分是从古代相承沿用下来的，代表了一个故事或者典故，在语言表达中有生动简洁、形象鲜明的作用。

章服制度的真正确立，是在东汉初年。以后各代帝王的礼服上都装饰有十二章纹，只是十二章位置、色彩略有变化。

龙是我国许多原始氏族崇拜的图腾对象。在龙袍上的十二章图案中，龙是我国古代龙的文化在皇帝纹饰服装方面的重要体现。

我国古代帝王的龙袍上绣9条龙是有讲究的，这是因为在我国文化中，"9"这个数字和龙一样，代表着最高的荣耀和尊贵，并且是至阳的虚数、极数。我国的成语"九五之尊"，就是用来形容皇帝的。因此，"9"也是和龙最贴合的数字。

无论是哪个朝代，龙袍都是要通身共计绣9条金龙，其中，4条正龙要绣得正襟危坐，一团威严，处于龙袍最显要的位置，也就是前胸、后背和两肩。

这4条行龙要绣得极富活力，有似动而非动的神韵，分别在前后的衣襟部位。这样前后望去都是5条龙，寓意着"九五至尊"。

从表面上一眼看去，龙袍的通身只有8条金龙，与史书上记载的有出入。于是有个说法认为，皇帝是真龙天子，本身就是一条金龙。

其实这第九条金龙就绣在龙袍里面的衣襟上，要掀开外面的衣襟才能看到。一般人哪敢去随便掀皇帝的衣服呢？皇帝本人也不会那么不顾礼仪，因此龙袍在皇帝穿上身时看上去就只有8条。

在我国历史上各个朝代的龙袍中，明代皇帝龙袍上的龙，形象更加完善。明代以前的帝王也有穿龙袍的，但与后来的龙袍明显不同。先秦的龙纹，形象较质朴粗犷，大部分没有肢

织锦缎龙袍

爪，近似爬虫类动物。秦汉时期的龙纹，多呈兽形，肢爪齐全，但无鳞甲，常被绘成行走状。

更为重要的是，明代以前，龙纹服饰虽是一种权威象征，但未必是皇帝一人的专利，其他贵族也能穿戴。进入明代，我国封建社会确立了等级森严的服饰制度，龙袍被指定为皇帝正装，且他人不得穿戴。另外，明代以后，皇帝亦赐龙袍予以王公大臣，他们的服饰上绣着龙纹，但不能称为龙袍，只能叫作"蟒袍"。

明代皇帝龙袍上的龙纹，集中了各种动物的局部特征，头如牛头、身如蛇身、角如鹿角、眼如虾眼、鼻如狮鼻、嘴如驴嘴、耳如猫耳、爪如鹰爪、尾如鱼尾等。在图案的构造和组织上也很有特色，除传统的行龙、云龙之外，还有团龙、正龙、坐龙、升龙、降龙等名目。

■ 乾隆皇帝龙袍

我国古代帝王的龙袍，除了龙纹外，还有儒家学派服饰理论的内容十二章纹样。十二章纹样是龙袍上最常见的图案，也是古代君王的专有纹饰，除了皇帝、帝后之外，只应用在少数亲王、将相的服饰上，从未在民间出现过。

清末经学家孙诒

让在疏证周代官制的著作《周礼正义》里记载说：日、月、星辰、山、龙、华虫、黼、黻8种章纹在龙袍的上衣上；其余4种章纹藻、火、宗彝、米粉在龙袍的下裳上，并配以五色祥云、蝙蝠等。

■ 古代龙袍

这些各具含义的纹样装饰于帝王的服装，喻示帝王如日月星辰，光照大地。总之，这十二章包含了君王至善至美的帝德。

古代帝王龙袍上象征最高等级的龙纹的出现，表明我国源远流长的龙文化，在帝王服饰上得到了鲜明的体现，也是我国服饰艺术演化的重要标志。

祥云 预示吉祥的云彩，是我国极具代表性的文化符号之一。祥云代表着渊源共生，和谐共融，最早出现在周代中晚期的楚地，云气神奇美妙，发人遐想，其自然形态的变幻有超凡的魅力，云天相隔，令人寄思无限。

阅读链接

传说从前有一条龙特别喜欢吃桃，就跑到王母娘娘的蟠桃会上偷了很多蟠桃吃。王母娘娘发现后很生气，又不忍心处罚它，就将一块玉石变成了蟠桃的样子。

那条龙没有发现，就将玉石也吞入了肚中。结果，又冷又硬的石头让这条龙觉得非常不舒服，它一反胃，就把那块石头吐了出来。据说那块石头落到人间之后，经受风吹雨打也丝毫不受侵害，后来从石头中蹦出来一只猴子，名叫孙悟空。

三大九龙壁的神奇传说

　　九龙壁不仅象征九州，而且象征生命的绵延与顽强。北京故宫九龙壁、北京北海和山西大同九龙壁，它们不仅是一个艺术品，而是有其龙文化含义在内。

　　北京故宫的九龙壁位于紫禁城宁寿宫区皇极门外，是我国的三座

■ 故宫九龙壁

九龙壁中最著名的一座。壁长29.4米，高3.5米，厚0.45米，是一座背倚宫墙而建的单面琉璃影壁，是乾隆皇帝于1772年改建宁寿宫时烧造的。

九龙壁上面的9条龙，形体有正龙、升龙、降龙之分，每条龙都翻腾自如，神态各异。为了突出龙的形象，工匠们采取浮雕技术塑造烧制，富有立体感，并采用亮丽的黄、蓝、白、紫等颜色，使九龙壁的雕塑极其精致，色彩甚为华美。

九龙壁的上部为黄琉璃瓦庑殿式顶，檐下为仿木结构的椽、檩、斗拱。壁面以云水为底纹，分饰蓝、绿两色，烘托出水天相连的磅礴气势。

九龙壁的下部为汉白玉石须弥座，端庄凝重。壁上9龙以高浮雕手法制成，最高部位高出壁面20厘米，形成很强的立体感。纵贯壁心的山崖奇石将9条蟠龙分隔于5个空间。

九龙壁上，黄色的正龙居中，前爪作环抱状，后

宁寿宫 建于单层石台基之上，台与皇极殿相接，四周以黄绿琉璃砖围砌透风灯笼矮墙。宫面阔7间，进深3间，单檐歇山式顶。檐廊柱枋间为镂空云龙套环，枋下云龙雀替，皆饰浑金，堂皇富丽。改建后的宁寿宫成为紫禁城内除坤宁宫以外的另一处体现满族风俗的重要建筑了。

■ 故宫九龙壁

龙凤图腾

龙凤崇拜与舞龙舞狮

戗脊 又称岔脊，是我国古代歇山顶建筑自垂脊下端至屋檐部分的屋脊，和垂脊成45度，对垂脊起支戗作用。在歇山顶建筑中，垂脊的下方从博风板尾处开始至套兽间的脊，叫做"戗脊"。重檐屋顶的下层檐，如重檐庑殿顶和重檐歇山顶的第二檐的檐角屋脊也是戗脊，称重檐戗脊。

爪分撇海水，龙身环曲，将火焰宝珠托于头下，瞠目张颔，威风凛然。左右两侧各有蓝白两龙，白为升龙，蓝为降龙。左侧的两条龙龙首相向；右侧的两条龙背道而驰，4条龙各逐火焰宝珠，神动形移，似欲破壁而出。

外侧的双龙一黄一紫，左端黄龙挺胸缩颈，上爪分张左右，下肢前突后伸；紫龙左爪下按，右爪上抬，龙尾前甩。两条龙动感十足，争夺之势活灵活现。右端黄龙弓身弩背，张弛有度，腾挪跳跃之体态刻画生动；紫龙昂首收腹，前爪击浪，风姿雄健。

阳数之中，九是极数，五则居中。"九五"之制为天子之尊的重要体现。北京故宫九龙壁整座影壁的设计，不仅将"九龙"分置于5个空间，壁顶正脊也饰9条龙，中央1条坐龙的两侧各4条行龙。

九龙壁的两端戗脊异于其他庑殿顶，不饰走兽，以行龙直达檐角。檐下斗拱之间用45块龙纹垫拱板使整座建筑以不同方式蕴含多重"九五之数"。此外，九龙壁的壁面共用270个塑块，也是"九五"的倍数。为了不损坏龙的头面，分块极为讲究。

北京故宫九龙壁的壁面上，从东数第三条白龙的腹部是用木料雕成型后钉上去的，其中还有一个扣人心弦的故事。

传说当年在烧制这座九龙壁的时候，由于工艺要求极高，烧制难度极大，工匠们忙得头昏眼花，一不小心把烧制这条白龙龙腹部分的琉璃砖摔坏了。由于当时已经没有足够的时间再烧制琉璃砖了，大家都十分着急。

这时，一位木匠总管冒着欺君之罪杀头的危险，连夜用金丝楠木雕刻成了那块龙腹，钉补上去，刷上白色油漆，使之同原来的白龙腹颜色相同，终于瞒过了前来检查的官员和皇帝，并使工匠们免去了一场灾难。

即使已经瞒天过海，工匠们说起这件事仍然是一身冷汗。他们以此为鉴，时时不忘嘱咐小学徒们说："做活一定要认真仔细啊！千万

故宫九龙壁

■ 北海公园九龙壁

蟠龙 是指我国民间传说中蛰伏在地而未升天之龙，龙的形状作盘曲环绕。在我国古代建筑中，一般把盘绕在柱上的龙和装饰庄梁上、天花板上的龙均习惯地称为蟠龙。传说中，蟠龙是东海龙王的第十五个儿子，他时常偷跑到人间游玩，当他看见人间遭遇干旱，他使用法术帮忙人们，从而得到了人们的敬仰。

不可马虎急躁！"

由于北京是多个朝代的王朝古都，堪称"真龙天子"聚集的所在地，因此蕴含的龙文化自然也是首屈一指的。

北京的北海也有一座九龙壁，是我国的九龙壁中最有特色的一座。它建于1756年，高5米，厚1.2米，长27米，两面有龙，升降各异，互不雷同。两面有由琉璃砖烧制的红、黄、蓝、白、青、绿、紫七色蟠龙18条。

北海九龙壁为五脊四坡顶，正脊上两面各有9条龙，垂脊两侧各1条，正脊两侧身上前后各1条。吞脊兽下，东西各有一块盖筒瓦，上面各有龙1条，5条脊共有龙32条。

北海九龙壁的252块筒瓦、251块陇陲、斗拱下面的82块龙砖上也都各有1条龙。如此算来，共计有龙635条。

这就让人感到奇怪了，既然称作九龙壁，为什么北海的这座九龙壁中的龙却大大超过"9"这个数字呢？这个怪事背后有一段鲜为人知的故事。

下令修建这座北海九龙壁的是乾隆皇帝。相传有一天，乾隆皇帝正在北海附近散步，突然，天空阴云密布，好像就要下大雨了，于是乾隆皇帝快步走到北海边上的一座亭子里面躲雨。

就在乾隆皇帝刚刚走到亭子里面的时候，天空便电闪雷鸣，地上狂风大作，瞬间，倾盆大雨下来了。这时，乾隆的随从惊呼："皇上，您看天边，有人驾着彩龙过来了！"

乾隆顺着随从所指的方向看去，果然看到远方的

■ 北海公园九龙壁

■ 九龙壁之金龙

学士 又称"内阁
大学士""殿阁大
学士"等，明清
时期流行的中堂
一称，一般是指
大学士或首辅大
学士。大学士拥
有和宰相同样大
的权力，负责主
持内阁大政，还
要参与国家大事
的重要决策。大
学士还要负责为
皇帝起草诏令，
批答奏章。

闪电划过灰暗的天空，留下了一道道瞬间即逝的金色线条，远远看去就像一条正在翻腾的金龙。由于灰云浓厚，闪电来得又快又急，像是有人在驾驭这些金龙一样。

乾隆皇帝想到这，并没有像随从们那样惊喜，他一反常态，勃然大怒说："何人如此大胆，竟然驾龙，这不是要骑在我的身上吗！"随从们一听这话，面面相觑，吓得大气不敢出。

就在这个尴尬的时候，也是乾隆的随从生死攸关之时，刑部尚书刘统勋来了。他是乾隆前期最为重要的内阁学士。当刘统勋知道乾隆皇帝发怒的原因之后，就跪在乾隆的面前说："恭喜皇上，这是吉祥兆头！"

乾隆面带怒气又疑惑地看着刘统勋说："你这话

有什么凭据吗？"

刘统勋急忙回答道："当然有了，自古说龙生九子，可皇上治理的天下昌盛，以至感动上苍，这才降下无数龙子，可见，皇上不仅能够统辖人间，现在连上天都在您的控制中了，这难道不是可喜可贺的事情吗？"

乾隆一听，想到自己能统辖人间和天上的龙，心里马上轻松了不少，也不生气了。

第二天，乾隆对负责修建北海九龙壁的主管说："上天都归我管了，所刻龙的数量就不要有什么拘束了。可如果把已经刻好的龙拆毁再重新建，那就太耗费民财和民力了。你就尽可能多地在已经建好的地方刻上龙吧！"

负责修建九龙壁的官吏听后，就让工匠在他认为能刻龙的地方都刻上，最后便有了九龙壁的635条龙了。

虽然九龙壁上刻了很多条龙，但是其正面只有9条腾云驾雾的大龙，因此，被称作九龙壁也就不为过了。

由于矗立在北海边上，因此自从北海九龙壁建好之后，就有人说九龙壁的龙因水而动，时常变换自己的姿势，颇有些灵气了。自此以后，北海九龙壁的龙会动的这个传说就一代一代传下来了。

山西大同有一座九龙壁，是我国建造最早的九龙壁。这座九龙壁并不是最高等级的龙，它的主人也不是"真龙"，其规格等级都要远远低于北京后来建造的两座九龙壁。不过这座九龙壁

北海公园九龙壁

龙凤图腾

龙凤崇拜与舞龙舞狮

■ 大同九龙壁

山西琉璃 我国陶瓷工艺发展史上一个非常重要的品类，是陶瓷艺术继秦砖汉瓦之后在建筑领域广泛应用的典型范例。山西是我国琉璃的主产地，其琉璃艺术有悠久的历史传统。千余年来，这一行业相承不衰，留下许多优秀作品，其分布之广，匠师之多，在全国居于前列，是我国琉璃艺术之乡。

是当时的皇帝朱元璋赐给自己的第十三个儿子的。由于是建造给王爷的，因此这座九龙壁上的龙只有3个爪子，寓意比五爪真龙低一等的地位。

朱元璋的第十三个儿子名叫朱桂，因为没有杰出才能，几经沉浮被封为了代王。这个代王有一次看见九龙腾飞纹样那威风凛凛的样子之后，十分心仪，一回到山西就开始张罗人手，修建自己的九龙壁。

朱桂把山西琉璃派中的怀仁吴家窑琉璃匠的吴氏父子三人召来后，由于爱好排场，这位代王要求他们为自己烧制的九龙壁一定要比燕王府的龙壁长两尺、高两尺、厚两寸。工匠们无奈，只好应允。

半年以后，代王要求的这块九龙壁建成了，壁长45.5米，高8米，厚2.2米。端礼门外张灯结彩，鼓乐齐鸣。代王朱桂、老将军徐达及其女儿王妃徐氏登上城楼凭栏观赏，果然高大雄伟，辉煌夺目。

阳光下，九龙壁壁顶的琉璃瓦光彩耀眼，正脊上的2条金色卧龙，栩栩如生。壁面上9条琉璃彩龙，或盘曲回绕，搏浪嬉珠；或昂首奋身，吞云吐雾。巨大的须弥座，上面中腰雕刻着狮、虎、象、鹿、狗、麒麟、飞马，有的奔腾如飞，有的翘尾回首，还有的款步而行，形象十分生动。

　　代王高兴得酒性大发，狂饮一番，大声叫好。一会儿，浓云密集，天空阴沉，下起雨来。代王命人秉灯点烛，不一会儿红烛高烧、宫灯齐亮，透过雨帘，彩壁上九龙浴水，扑朔迷离，别有一番情趣。所以有雨中戏龙一说。

　　代王又叫了一声好，忽然空中电闪雷鸣，接连三声霹雳震耳。朱桂一惊，酒杯失手落地。他仿佛看见从天上下来一黑一黄两条飞龙，在壁前吐水如泉。

　　原来，这是因为天上的真龙听说有人想以不够资

正脊 又叫大脊、平脊，位于屋顶前后两坡相交处，是屋顶最高处的水平屋脊，正脊两端有吻兽或望兽，中间可以有宝瓶等装饰物。庑殿顶、歇山顶、悬山顶、硬山顶均有正脊，卷棚顶、攒尖顶、盝顶没有正脊，十字脊顶则为两条正脊垂直相交，盝顶则由四条正脊围成一个平面。

亲王 我国爵位制度中王爵的第一等，亲王的正室为亲王妃。汉朝开始，封皇子、皇帝兄弟为王。西晋开始，王爵分为亲王、郡王两等，亲王专封皇子、皇帝兄弟；郡王初为皇太子之子的封号，后多用于分封节度使等武臣，文官也有受封郡王者。

格的四爪龙挑衅，企图顶替打压故宫中的九龙壁，因此前来警示代王。龙的威严不可侵犯，九龙壁更不是凡人可以建造的。

在两条龙的翻滚之中，几道闪电劈了下来。代王十分惊恐，爬到桌子底下躲避。不一会儿，两条龙消失了，只剩下天边烧得通红的晚霞。

代王忙命人前去打探龙壁有无伤痕。回来的人禀报，龙壁之后的金泊仓三步之内被霹雷砸出了两眼井，井水一甜一苦。九龙壁前也被炸雷轰了一个坑，里面集满了一汪碧水。

代王心里又惊又怕，又不想让别人知道自家的九龙壁遭了天谴被人笑话，就在壁前让人砌了一个水池。从此，那9条龙倒映在水中，风吹水动，像游龙戏水，水池映衬着它们的4个爪子。

以上这些，就是我国的"三大九龙壁"的故事。我国的龙壁有一龙壁、三龙壁、五龙壁、七龙壁、九

■ 大同九龙壁局部

龙壁等多种形式，这几种形式以九龙壁最为尊贵，在古代被建造在皇帝、王后以及亲王的宫殿正门的地方。

随着社会的发展，九龙壁的图案不再是皇帝、王爷的专属物，成了百姓住宅中影壁的一种，在寺院里面也经常可以看到九龙壁。

九龙壁主要使用琉璃、彩绘、砖雕等材质制作完成，整体有着极高的艺术价值，这几种里面尤其数琉璃制作的九龙壁最为有气势，色彩也更加艳丽，是我国影壁、照壁建筑艺术的一大发展。

阅读链接

我国南朝梁有一个叫张僧繇的画家。传说他在一个寺院的墙上画了四条龙，这四条龙都没画上眼睛。有人问他："为什么不给龙画上眼睛呢？"他说："画上眼睛，龙就会飞去。"

听的人不相信，偏要让他画上。张僧繇没有办法，只好用毛笔在龙头上点上了眼睛。谁知道，刚点完两条龙的眼睛，天上就电闪雷鸣，刮起了大风，下起了大雨，墙壁也震破了，那两条龙腾空而起，飞到天上去了，墙上就只剩下没点眼睛的两条龙了。

源远流长的龙文化内涵

我国龙文化源远流长，龙的形象已经深入到了社会的各个角落，龙的影响波及文化的各个层面，呈现出多彩多姿的景象。

楚王陵出土的玉龙

诗歌是我国文学中出现最早的形式，在上古的诗歌集《诗经》中，就已有关于龙的描述："龙旗十乘""龙旗阳阳"，展示了在盛大的祭祀活动中，绘有龙纹的旗帜迎风猎猎的神圣庄严场面。

在春秋战国时兴起的《楚辞》中，龙也是诗人幻想咏颂的对象。伟大的爱国主义诗人屈原在脍炙人口的《离骚》中，以真挚的语句、丰富的修辞表现了他崇高的人格和强烈的忧国情怀。

　　当屈原讲到他因不见容于楚国的群小而欲上天去求贤女、圣妃时，幻想自己也如仙人那样驾起龙车在彩云中遨游：

　　　　为余驾飞龙兮，杂瑶象以为车。

　　　　何离心之可同兮？吾将远适以自疏。

　　　　屯余车其千乘兮，齐玉轪而并驰。

　　　　驾八龙之婉婉兮，载云旗之委蛇。

　　这段话的意思是说，为我驾起那矫健的飞龙，乘上玉与象牙装饰的车辆。君臣心志不一，又岂能共处？不如我自己离去，适彼远方！我的车队有千辆，排列整齐，队伍威武，隆隆驱驰。每辆车有八条蜿蜒的神龙牵曳，车上飘动着五彩的云旗，我就这样远离人间而去。

　　在屈原的另一组诗《九歌》中，屈原将民间祀神

《诗经》 我国汉族文学史上最早的诗歌总集，先秦称为《诗》，共305首，取其整数称"诗三百"。共收录了公元前11世纪至公元前6世纪500多年的诗歌，诗的作者绝大部分已经无法考证。其所涉及的地域，主要是黄河流域，西起陕西和甘肃东部，北到河北西南，东至山东，南及江汉流域。

■ 红山玉龙

的巫歌进行了艺术的加工，注入了自己的炙热的情感，使诗句充满了奇幻瑰丽的浪漫色彩。诗中描写的仙人，大都有驾龙的神车，因而诗中有不少涉及龙的诗句。

汉代以后，由于帝王们的倡导和喜爱，赋这一文学体裁得到了很快的发展，但内容与风格上则变得绮丽空虚、百般铺陈，成了歌功颂德的文体。由于当时瑞符之说大行，而瑞符又以龙为最，于是，龙成了赋的主要题材。

唐宋时期的赋中也不时出现所谓的"龙赋"，个别大作家手笔的龙赋别有一番气象。如白居易的《黑龙饮渭水赋》，尽管完全是诗人的想象，但给人栩栩如生、神态毕现之感，有相当文学价值。"唐宋八大家"之一的王安石作《龙赋》，以龙喻人，别开生面。

在古代七言与五言诗歌中，诗人们大多是以龙喻人，直接咏龙并不多见。唐代诗歌总集《全唐诗》中，仅收录了唐初诗人李峤的一首《龙》。

衔烛耀幽都，含章拟凤雏。

西秦饮渭水，东洛荐河图。

带火移星陆，升云出鼎湖。

希逢圣人步，庭阙正晨趋。

除了这类在内容与艺术上直接描述的龙诗之外，

龙凤图腾

龙凤崇拜与舞龙舞狮

《九歌》《楚辞》篇名之一，是屈原根据民间祭神乐歌改作或加工而成，共有《东皇太一》《云中君》《湘君》《湘夫人》《大司命》《少司命》《东君》《河伯》《山鬼》《国殇》《礼魂》11篇。多数篇章描写神灵间的眷恋。

还有一些描写与"龙"有关的自然现象和民俗活动的诗，由于作者有细致的观察，显得生动、真实、细腻，有较高的艺术性。比如宋代欧阳修的《百子坑赛龙诗》，描写的就是民间祈雨的情景：

明朝老农拜潭侧，鼓声坎坎鸣山隅。
野巫醉饱庙门合，狼籍乌鸟争残余。

在这首诗中，欧阳修先写了降雨情形，然后写了祈雨灵验、农民万分欢欣的场面，场景活灵活现。

再比如陆游《龙挂》诗中，有"山摧江溢路不通，连根拔出千尺松"的句子，表面上写龙实际上形容的是龙卷风。诗句将龙这种神兽与自然力量相结合，使令人惊悸的气势和破坏力跃然纸上。

在我国古代小说中，龙也是个重要角色。我国小说源于志怪与传奇，而志怪传奇又与古代神话传说有渊源的关系，因此神话中的龙也就进了小说。较早的有《搜神记》《续玄怪录》《宣室志》等，最精彩的，是李朝威所著的《柳毅传书》。

《柳毅传书》中书生柳毅落第回乡，途经泾阳遇一龙女，发现龙女受夫家虐待，被赶到荒野上牧羊。柳毅同情龙女的遭遇，就替龙女给她的父亲洞庭君传信。

■ 地动仪上的龙

■ 龙凤呈祥

脸谱 我国戏曲演员脸上的绘画，用于舞台演出时的化妆造型艺术。脸谱的产生有悠久的历史。脸谱起源于面具，脸谱将图形直接画在脸上，而面具把图形画在或铸在别的东西上面后再戴在脸上。在我国古代，祭祀活动中有巫舞和傩舞，舞者常戴面具。

洞庭君的弟弟，也就是龙女的叔叔钱塘君性格急躁，听说侄女受欺负后十分生气，直接跑到径阳处罚了龙女的夫家人，把龙女接回了龙宫，并要将龙女嫁给柳毅。

由于龙女父亲洞庭君嫌弃柳毅是个凡人，因此对他言辞傲慢，使柳毅很反感，就果断地拒绝了这门亲事。可是龙女早已爱上了柳毅，就化成凡人，变换自己的容貌自称是卢氏女，与柳毅终成眷属。

《柳毅传书》想象丰富，情节曲折浪漫，对龙女与钱塘君的刻画极为生动。这一故事广泛流传，以此为蓝本改编的戏曲元、明、清三代皆有。

明代神魔小说兴盛，小说对龙的描写及其情节多掺加了佛、道的内容，其中的龙往往是作者谴责、戏谑、嘲讽的对象。如《封神演义》中的"哪吒闹海"、《西游记》中的"魏徵斩泾河老龙""孙悟空龙宫索要如意金箍棒"等。

清代小说现实主义艺术倾向强烈，出现了《红楼梦》这样的鸿篇巨制，以神魔为角色的小说急剧衰落。龙遭到冷落，只有蒲松龄的《聊斋志异》有10余篇与龙有关。虽然大多是乡间市井之语，但因为蒲松龄文笔精练生动，描写神韵盎然，文章十分精彩。

龙对我国戏曲艺术也产生了重要影响。在戏曲中，直接以龙为角色、以龙的故事为情节的并不多，仅有《柳毅传书》《张生煮海》和据《西游记》改编的《陈塘关》《绝龙岭》《钓鱼船》等数出。此外，以龙为名的戏目也不少，如《锁五龙》《困龙床》《龙虎斗》《打龙袍》《双龙会》《龙凤呈祥》《游龙戏凤》等。这类戏中所以有"龙"字，因为戏中的主角是有龙性的人物，多是帝王之属。

在我国的戏曲行业中，有不少名词术语行话与龙有关，如龙套、九龙口、合龙、二龙出水、水龙吟、回龙等。京剧的脸谱有龙纹的成分，京剧的服装，俗称行头，更离不开龙纹。

数千年的龙文化，在我国民间也有深厚的积淀。数不清的民风与民俗及民族节日与龙有关。仅以汉族而言，正月十五元宵节，虽然节日来历与龙无关，但节日的庆祝则非有龙不可。

元宵节必舞龙灯，要扎鳌山或草龙，上布灯烛，二月初二为龙抬头日，旧俗在这一天要用草灰弯弯曲曲地由门外洒到厨房内，称为"引龙回"；小童在这一天开始入书房读书，称为"占鳌头"；读书人在这一天要理发，以取龙抬头的吉祥之意。

我国五月初五的端午节本来是源于远古的辟邪消灾的仪式，因为

吴越国金龙

端午节龙舟赛

古人以五月为不祥之月，所以从远古时期开始就在端午节这一天举行祭龙仪式，但这个节日后来被附会成了纪念投江而死的诗人屈原。

民间传说，在屈原投江后，楚国人非常悲痛，划舟救助不及，只好向江中投祭粽子，以求水中蛟龙不啮食屈原躯体，但也有人称屈原死后，楚人以竹筒贮粉米投入江中祭祀，但大多被蛟龙吃了。

人们听说江中的蛟龙惧怕粽叶和五色线，于是改为以粽叶包米，用五色线捆扎，这就是粽子和端午系五色丝线的来历。这些说法孰是孰非已不可考，但都能看出与龙有关。

端午节赛龙舟在我国历史可谓悠久，其起源可能与上古时人们认为神仙乘坐龙舟飞行有关。古代赛龙舟的场面非常壮观，唐代大规模的龙舟赛，要有几十条龙舟参加。唐朝诗人张健封的《竞渡歌》，就描画了竞赛场面的精彩激烈：

五月五日天晴明，杨花绕江啼晓莺。

使君未出群斋外，江上早闻齐和声。

鼓声三下红旗开，两龙跃出浮水来。

棹影瀚波飞万剑，鼓声劈浪鸣千雷。

后来，龙舟竞渡不仅成为我国南方水乡端午节必然进行的一项庆祝活动，而且已经走向世界，成了海内外龙的传人团结一致、共同振兴中华的一个象征。

在我国少数民族中，与龙有关的节日与民俗更是举不胜举。云南瑶族在正月初五过龙头节，备祭品祭祀龙王。哈尼族也有类似的节日。

贵州侗族在二月初二这一天要接龙，这一天全寨人要杀掉一头牛，每户分一块牛肉，名为"吃龙肉"。吃肉时还要唱五龙归位的酒歌，最后要将牛角埋于地下。

湘、黔交界地区的苗族在五月初五这一天过龙船节，在清水江赛龙舟，并伴有其他的庆祝活动。云南河口的瑶族有龙母上天节和龙公上天节。

鄂西土家族的六月初六日为晒龙袍节，这一天家家都要将新衣物放在太阳下爆晒，同时还要有祭祀活动，并依据这一天的阴晴来判断下半年的雨水情况。

云南普米族每家都在深山密林处有自家的"龙潭"，到祭潭之时，每家都要到自己的龙潭边上住3日，并搭成一个"龙塔"，作为龙神居住的宫殿，然后将祭品献于塔前，再由巫师祈祷，求龙神福佑。仪式结束后，向龙潭投入用面和酥油制成的面人50个。

竹简 战国至魏晋时代的书写材料。是削制成的狭长竹片，也有木片，竹片称简，木片称札或牍，统称为简。竹简均用毛笔墨书。

■ 龙形雕刻

我国各民族与龙有关的节日及风俗各有不同，各有特色，但又都是建立在上古时的龙能施水布雨、能福祸人间这一概念之上的，反映了中华民族文化多样性中的同一性，个性中的共性。

在我国的各个省区，都有与龙相关的名胜古迹或山川湖泊，每处又都有一段美妙的传说故事。龙与不少行业也有联系，这些行业往往以与龙有关的对联作为行业的标志。

这些对联对仗工整、音律和谐，用语精巧，读来妙趣横生。比如书店的对联会巧用"鲤鱼跳龙门"的典故招揽生意说：

龙凤图腾

龙凤崇拜与舞龙舞狮

广搜百代遗编，迹追虎观；
嘉惠四方来学，价重龙门。

一些珠宝店也会借用传统神话中，龙宫之中潜藏珍宝的说法来夸耀自家的珍贵首饰。可见，龙在我国文化中几乎无处不在。

阅读链接

相传在龙门还未凿开的时候，伊水被龙门山挡住了，就在山南积聚了一个大湖。居住在黄河里的鲤鱼听说龙门风光好，都想去观光，但龙门山上无水路，上不去。

无奈之下，一条红鲤鱼不惧危险，决定跳过龙门去。当红鲤鱼一鼓作气跳到龙门内的半空中时，一团天火从身后追来，烧掉了它的尾巴，红鲤鱼就变成了一条巨龙。其他鲤鱼们看到之后受到鼓舞，开始一个个挨着跳龙门山。可是除了个别的跳过去化为龙以外，大多数都过不去。后来，唐代大诗人李白写诗道："黄河三尺鲤，本在孟津居。点额不成龙，归来伴凡鱼。"

舞龙习俗

　　舞龙俗称玩龙灯，是我国民族传统体育项目之一。每逢喜庆节日，尤其是在元宵节期间，很多地方都有舞龙的习俗。中华民族是世界上人口最多的国家，世界上凡是有华人居住的地方都把"龙"作为吉祥之物，在节庆、贺喜、祝福、驱邪、祭神、庙会等期间，都有舞"龙"的习俗。

　　在舞龙时，舞者在绣球的引导下，手持龙具，随鼓乐伴奏做各种动作，完成龙的游、穿、腾、跃、翻、滚、戏、缠，及组图造型等动作和套路，充分展示了龙的精、气、神韵。

舞龙习俗的起源与传说

　　舞龙又叫龙舞、玩龙、龙灯、龙灯会、耍龙、玩龙灯、盘龙灯、闹龙灯等。从目前所有的资料看，龙的起源远远早于龙舞的出现，也就是说，尽管人们认为人类的求雨仪式是最古老的祭祀仪式之一，而龙的形象一直和求雨有十分密切的联系。

▌舞龙表演

关于舞龙的起源，有这么几个传说。在很久以前，浙江的苕溪岸边有个荷花村，村前有一个荷花池，池塘里长满了荷花。每到夏季，碧绿的荷叶铺满水面，无数朵出水荷花，袅袅婷婷，鲜艳无比。

在荷花池边，住着一对勤劳善良的青年夫妇，男的叫百叶，女的叫荷花，夫妻俩男耕女织，相敬相爱。这一年，荷花怀了孕，过了10个月，孩子却没有生下来。

又过了一年，还是没有生下来，直到第999天，才生下了一个男孩。

百叶见孩子生得端正健壮，心里好生喜欢。但是再仔细一瞧，不禁大为惊愕，只见这孩子的胸口脊背上长着细细的鳞片，金光闪闪，耀人眼目。数一数，竟然共有999片。

旁边的接生婆细细一端详这个孩子，不禁大吃一惊，嚷道："哎呀，了不得，荷花这是生了个龙神啊！"很快，消息传遍了整个村子，人人都前来道贺。

这个消息很快就惊动了村里横行霸道的老族长，他的身边有一个丑孙子。这祖孙俩一听说百叶家里生下龙种，于是立刻手持钢刀要来砍杀。

乡亲们得到了消息，马上开始商量对策，最后想出一个办法，将孩子放在盆里，悄悄把他藏到门前的荷花池中。

■ 中秋舞龙灯

这时，老族长和他的孙子带人冲进门来，孩子已经不见了。老族长找不到龙种，便抓住百叶，逼他把孩子交出来。孙子见荷花长得漂亮，心生一计，举起钢刀就杀死了百叶，把荷花抢到了家里。

老族长心想：龙种没有了爹娘，即使活着，也必定饿死。再说荷花会生龙种，将来龙种要是生在自己家里，这天下岂不就是他家的了。

荷花被抢到老族长家里后，非常想念丈夫和孩子，心里十分悲痛。老族长逼着荷花去淘米，荷花拖着淘箩走到池边，轻轻地搅动池水。忽然，一阵凉风吹来，在荷塘深处，荷叶纷纷倒向两边，让出一条水路来。

荷花抬头一看，自己的儿子就坐在盆里，安然无恙地向她漂过来。荷花真是又惊又喜，连忙将儿子抱到怀里，喂饱了奶水，然后仍放回盆里。一阵凉风吹

族长 也叫"宗长"，是古代时家族的首领。通常由家族内辈分最高、年龄最大且有权势的人担任。族长总管全族事务，是族人共同行为规范、宗规族约的主持人和监督人。

来，盆又漂回到了荷花丛中。荷花知道自己的儿子没有饿死，心里十分高兴。

从此，荷花一日三次到池中淘米，就给儿子喂上三次奶水。这样喂了999天后，荷花的儿子渐渐长大了，满身龙鳞金光闪亮。到了夜里，这身金光在荷花池中光芒四射。

村子里的老百姓知道龙种没有被灭掉，心里都暗暗地高兴。老族长得知龙种竟活着并且在荷花池中，随即又生一毒计。

一天傍晚，荷花又到池边淘米。老族长祖孙两个躲在杨树林里察看动静，只见碧波荡漾，花叶浮动，一阵凉风吹来，荷塘深处徐徐漂来一只盆，盆中坐着个满身金色的孩子，欢乐地举着双手向淘米的荷花扑过去。

荷花满心欢喜，正要伸手去抱，只见杨树林中闪出个人来，举起明晃晃的钢刀直向孩子砍去。刹那间，只见孩子从盆里猛地跳起来，化成了一条金色的小龙，向池中跃去。

可惜还是迟了，那一刀砍到了小龙的尾巴上。这时，荷花丛中停着的一只美丽的大蝴蝶，忽然飞过去，用身子衔接在小龙的尾部上，一对美丽的翅膀就变成了小龙的尾巴。

小龙长吟一声，霎时间，狂风大作，乌云翻滚，

春节舞龙表演

龙凤图腾

龙凤崇拜与舞龙舞狮

■ 舞龙表演

龙卷风 是在极不稳定天气下由空气强烈对流运动而产生的一种伴随着高速旋转的漏斗状云柱的强风涡旋。龙卷风是大气中最强烈的涡旋现象，常发生于夏季的雷雨天气时，尤以下午至傍晚最为多见，影响范围虽小，但破坏力极大。

满池荷花的花瓣纷纷扬扬地飞旋起来。在霹雳闪电之中，小龙的身体渐渐变大了，变成了数十丈长的巨龙，在荷花池上空翻腾飞跃。

这时，一阵龙卷风卷了过来，小龙腾空而起，乘风直上，飞入云端。这阵龙卷风好不厉害，那个砍龙尾巴的人被卷到了半空中，被抛得无影无踪。

老族长见孙子被风卷走了，随即"扑通"一声，吓得跌进荷花池淹死了。

荷花看见儿子化成一条蛟龙飞上了天空，她大声呼喊着，但小龙已经飞得无影无踪了。

自此以后，苕溪两岸每逢干旱，小龙就会来布云播雨。

当地百姓为了感谢小龙，就从这个池中采摘了49朵荷花，用了999叶花瓣，制作成一条花龙。因为不到1000叶，所以取名百叶龙。

从此，每年是春节，老百姓就要敲锣打鼓来舞龙，这一习俗便沿袭了下来。

还有人说，舞龙的起源是这样的：在浙江金华县有一座奇灵山，山下有一条名叫灵溪的大溪流，人们每年都用灵溪的水来浇灌稻田。

有一天，县老爷和衙役正在巡视乡野的时候，忽然看见几名大汉扛着一个大笼子，上前一看，才知道笼中是一条大蛇，而且大蛇还在流着眼泪。

县老爷看了之后，不禁动了恻隐之心，于是就对几位大汉说："壮士们，这条大蛇能否卖给我？"几位大汉见县老爷要买这条大蛇，连忙应允。

县老爷将大蛇带回家中饲养，起初县老爷命人喂生肉给大蛇吃，结果大蛇不吃。后来才知道大蛇只吃米粮，和人类一样，这种事让衙门中的人连连称奇。

日子一天天过去了。这年，夏天特别炎热，又不曾下雨，灵溪渐渐干涸了。百姓们天天对神明祈祷，希望老天爷能够降甘霖，以解干旱之苦。

县老爷见到这种情形，心中十分忧虑，天天对上苍祈祷：但愿上天早降甘霖，解我一县百姓干旱之苦吧！

衙役 衙门中的差役。衙役的地位低于吏员，主要负责衙门的站堂、缉捕、拘提、催差、征粮、解押等事务。清代的衙役分为皂班、捕班、快班、壮班，各班均有班头，或称头役，统领本班。衙役也有定额编制，但实际上的衙役数量都大大超过了编制。

■ 舞龙灯

■ 舞龙表演

龙凤图腾

龙凤崇拜与舞龙舞狮

土地公 我国民间神灵之一，被视为财神与福神。据说他能使五谷丰收，因此，很多人就把土地公迎进家里祭拜。一般家庭的厅堂五神中必供奉土地公，家中没有供奉土地公的，也在每月农历的初二、十六，在家门前设香案、烛台、供品祭拜。

一天夜里，县老爷做梦梦到了本县的土地公。土地公对他说："由于你的善心感动了玉皇大帝，明天中午把大蛇放进灵溪，自然就会有雨水降临。"

县老爷醒后，便马上派人到灵溪烧香祝祷，并将大蛇放入灵溪。过了几天，果然下起了雨，解了百姓的干旱之苦。

后来，人们为了答谢大蛇，不但烧香祭拜，还将大包大包的米丢进溪里，希望来年有个大丰收。

就在人们用米祭拜大蛇的同时，天气变得很奇怪，不是一连几天太阳将人晒伤，就是大雨连绵不断，此景让百姓们忧心忡忡。

一天，县老爷正在书房，为这几天来的怪天气烦恼时，忽然瞥见大蛇回来了。

大蛇对他说："我原本是奇灵山的巨龙，也是掌管米粮的天神。由于不慎犯了天规，被玉帝贬到人间来。后来，由于你的善心感动了玉帝，才让土地公放了我。但是，大家都把米粮丢进溪中祭拜，糟蹋了粮食，玉帝知道后大怒，要罚金华县大旱两年。"

县老爷一听，大吃一惊，连忙问道："有没有补救的方法呢？"

大蛇说："只要今后祭祀只用清水便可，不要用鸡、鸭、鱼、肉，以免玉帝动怒。"

县老爷听完，谢过大蛇之后，便下令全县老百姓照大蛇的话去祭祀。但是，县里还是有些人并不遵照大蛇的指示，依然用鸡、鸭、鱼等荤食祭祀。

玉帝知道后，大为震怒，说："灵溪巨龙，你不是说金华县的人民已经知道悔过了吗？金华县的人民还在继续糟蹋粮食。来人，将灵溪巨龙斩了！"

就在巨龙被斩后，金华县天天下红雨，颜色简直和血一般。属下将这奇怪的现象禀告给县老爷，并且说："还有一件奇怪的事，就是在灵溪的岸边，从天上落下一条被分割的巨龙身体。"

县老爷听完后，连忙赶到了溪边，一看，大声惊呼："这不是我的大蛇吗？我只知道人间难辨忠奸，

龙舞翩跹

舞龙习俗

■ 等待表演的舞龙队

岂知天上也是是非不分啊。巨龙啊巨龙，都是我们害了你呀！"

人们知道后，都十分后悔曾经不听劝告。因此，每逢正月十五，乡亲们便舞龙，希望巨龙的身躯能接合起来，就这样，舞龙的习俗就流传了下来。

关于舞龙的来历，民间还有这样一个传说：一天，龙王腰痛难忍，龙宫中的所有药物都吃了，但是仍不见效。于是，龙王只好变成老头，来到人间求医。

当地有位神医有如华佗再世，一般人的病只要观察一下面色，就能将病情摸透八九分。这位神医给龙王把脉后，知道这个老头不是凡人，就说："您这样子我没法下药方。要是想让我医治，您还是现出真身吧！"

龙王听了这番话后，就瞬间变成了一条巨龙。神医再次为龙王把脉后，就开始在龙王的身体上摸索起来，最后从龙王腰间的鳞甲中捉出一条蜈蚣。经过拨毒、敷药，龙王完全

龙凤图腾

龙凤崇拜与舞龙舞狮

■ 舞龙

康复了。

为了答谢治疗之恩，龙王对神医说："您治好了我的病，我一定要报答。从今以后，只要照我的样子扎龙舞耍，就能保证此地风调雨顺，五谷丰登。"

这件事传出后，人们就开始按照龙的样子制作出了龙，每逢干旱就舞龙祈雨，并有春舞青龙，夏舞赤龙，秋舞白龙，冬舞黑龙的规矩。

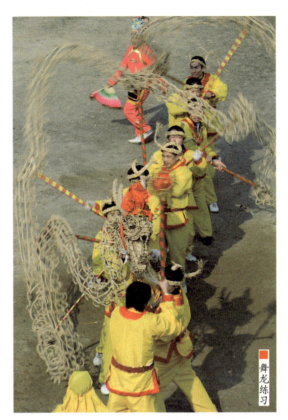

舞龙练习

阅读链接

传说五龙庙5位龙爷中数白龙最小，大家都叫它小白龙。它生性活泼，喜欢异想天开，弄奇作怪。一日，它在五龙潭戏耍，突发奇想，一跃而跳上悬崖，摇身化作一个英俊少年，自称"龙娃"，连蹦带跳地走进龙潭峡谷里。他突然发现满沟海棠花鲜艳夺目，就把海棠轻轻拔下，趁着根上带的那一点点泥土，一棵一棵地粘在峡谷的石壁上。

这海棠一粘上石壁就活了，而且活得那么旺盛，那么有精神，原来光溜溜的石峡，一下变成了锦峡绣谷，充满了生机。

我国舞龙传统的发展

从远古时代开始，舞龙活动就开始出现了，并且一代又一代地流传了下来。传说，早在黄帝时期，在一种名为《清角》的大型歌舞中，就出现过由人扮演的龙头鸟身的形象，其后又编排了6条蛟龙互相

舞龙表演

■ 舞龙表演

穿插的舞蹈场面。

从我国舞龙传统发展历史来说，恐怕没有哪个朝代比汉代更加重要。因为汉代出现了形式比较完整的舞龙形象，并有了非常明确的舞龙求雨记载。

西汉思想家董仲舒在《春秋繁露·求雨篇》中，记载：

鳈者九人，皆斋三日，服白衣而舞之……舞龙六日……以壬、癸日为大黑龙。

此文中出现了"舞龙"一语，对舞龙的细节，没有详细的描述。但从中能够知道，舞者的衣服与所做的龙颜色一致，舞者为5人至9人，人数与龙的长度成正比。

汉代五行思想的盛行，也在舞龙祭祀中体现出

董仲舒 (前179—前104)，西汉思想家、儒学家，西汉时期著名的唯心主义哲学家和今文经学大师。汉景帝时任博士，讲授《公羊春秋》。他把儒家的伦理思想概括为"三纲五常"，其教育思想和"大一统""天人感应"理论，为后世提供了统治的理论基础。

■ 舞龙表演

龙凤崇拜与舞龙舞狮

东汉 又称为后汉，是我国历史上的一个大一统朝代，东汉时的首都洛阳被称为东京，因此又以东京为东汉的代称。汉明帝和汉章帝在位期间，东汉进入全盛时期，史称"明章之治"。东汉时，蔡伦发明造纸术，张衡发明地动仪和浑天仪。佛教也在此时传入我国。

来，也就是所谓：春舞青龙，夏舞赤龙和黄龙，秋舞白龙，冬舞黑龙。祭祀时如果日子不同，所舞之龙的颜色也就不同，而且舞者人数也不同。

除求雨之外，舞龙还广泛存在于汉代盛行的百戏中。东汉张衡《西京赋》里记载了生动的"鱼龙曼延"之戏：

海鳞变而成龙，状婉婉以蝺蝺。舍利飐飐，化为仙车，骊驾四鹿，芝盖九葩。蟾蜍与龟，水人弄蛇。奇幻倏忽，易貌分形。吞刀吐火，云雾杳冥。画地成川，流渭通泾。

沂南画像石墓有个乐舞百戏图。从图上看，左为杂技表演和乐队，右为戏车和马戏，而"鱼龙曼延"之戏处于画面的中部，表明这是百戏中的主要节目。

其中，龙、鱼、豹、大雀从右向左耸踊舞动，龙在最前面。鱼龙曼延之戏处于乐舞百戏图的中心，并以龙为首，反映了当时人们对龙舞的重视。

《汉仪》记述的百戏场面更大，舞龙也更壮观，龙长八丈，比沂南画像石刻的龙长得多，不可能由一两个人舞，必须有一队人协力合舞，其形式应当和后来的舞龙相近。在舍利兽、比目鱼的表演之后，舞龙以恢宏的气势，把演出推向高潮。

舞龙运动在汉代开始盛行，原因是多方面的。汉代社会经济有较大发展，国家强盛，艺术表演等文化娱乐活动有了坚实的物质基础。汉王朝与四方诸国交往甚多，在接待四夷使者时百戏大规模演出，也有耀武观兵之意。

此外，当时的汉王朝盛行神仙方术和广为宣扬的神灵怪异，因此在表演艺术中由人装扮或操纵那些现

百戏 古代的乐舞杂技表演。秦汉时已有，汉代称"角抵戏"。包括找鼎、寻橦、吞刀、吐火等各种杂技幻术，装扮人物的乐舞，装扮动物的"鱼龙曼延"及舞蹈和器乐演奏与带有简单故事的"东海黄公"等，是综合性娱乐节目。唐和北宋时百戏十分流行。元代以后，百戏节目有所发展，内容更加丰富多彩。

■ 舞龙表演

■ 舞龙表演

魏晋 指我国古代东汉政权瓦解后，三国到两晋时期，也就是220年到420年；，通常所说的魏晋南北朝时期，也就是220年到581年这段历史的前一阶段。"魏"指的是三国里的曹魏，"晋"指的是司马氏所建上的西晋与东晋。此时北方是"五胡十六国"时代。

实中并不存在的神灵动物，这就是汉代的乐舞百戏中"像人之戏"的来源。

在这些"像人之戏"里，最受欢迎的就是鱼龙曼延了。在百戏盛行的汉代，鱼龙曼延作为百戏中的精彩节目而备受重视，也就是舞龙的前身。

汉代是舞龙显性发展时期。从汉代开始，我国的舞龙正式登上了历史的舞台，从此不断演变和发展。

在经历了魏晋后，舞龙被北朝的皇帝当成了保留节目。隋代是我国古代舞龙运动发展史中的重要一页，起着承上启下的作用。

经过南北朝多年的割裂和战乱之后，一统江山的隋代天下太平，平安享乐的思想在人们日常生活中弥漫开来。包括舞龙在内的演出曾有更为盛大的场面。

从演出的内容来看，隋代的舞龙与汉代的鱼龙曼延之戏非常相似：都是先由舍利兽的戏舞开场，激水、鱼嗽水或喷雾，化为八九丈长的黄龙，黄龙起舞，下面的节目都是绳技，演出时配以音乐等。

到了唐代，舞龙又迎来史册上辉煌的一页。唐代人民安居乐业的社会生活和农业生产的蓬勃发展，都给舞龙运动以发展的契机。这种情况被诗人描绘得十分生动，如兵部员外郎李约的《观祈雨》：

兵部 又称夏官、武部，我国古代官署的名称，其长官为兵部尚书，又称夏卿。兵部是我国古代吏、户、礼、兵、刑、工六部之一。兵部负责掌管选用的武官以及兵籍、军械、军令等。其长官为兵部尚书。

桑条无叶土生烟，箫管迎龙水庙前。
朱门几处看歌舞，犹恐春阴咽管弦。

这首诗用对比的手法，写出了处于旱情严重侵扰的农民们在水庙前舞龙求雨的情形，诗中对于旱情的描写虽然寥寥几笔，却很传神。

诗中的"箫管迎龙"几个字，透露出此时的舞龙求雨，已经和从汉到隋的"百戏鱼龙"很不一样了，是一种具有独立表演性质的龙舞。

当然，龙和雨似乎天生就是紧密相连的，求雨时作龙、制龙、玩龙，是很古老的传统风俗。只不过唐代时农业获得了大发展，舞龙求雨的风俗也随之获得了生机。

这种情况渗透到唐代宫廷的重大祭祀活动中，每遇旱情，朝野都会采用

■ 舞龙表演

■ 中秋舞龙表演

舞龙的方式祈祷上苍降临甘霖。最盛大的莫过于朝廷主持的"烛龙斋祭"。张九龄曾经作《奉和圣制烛龙斋祭》诗描写祭祀的场面之盛大：

> 精意允溢，群灵鼓舞。
> 蔚兮朝云，沛然时雨。
> 雨我原田，亦既有年。
> 烛龙煌煌，明宗报祀。

　　唐代时的舞龙运动发展水平应相对较高，因为唐代舞龙已经有了不少自身的变种，"烛龙"大概仅是基本舞龙形态的变化之一。

　　宋代又是深刻影响后来整个舞龙艺术的一个朝

正月 又称孟春、端月、新月或开岁，是我国农历一年中的第一个月，也是新年的开始。在我国的文化中，正月是一年之中最值得庆贺、最吉利、最热闹，也是神灵显现最多的一个月份，因为正月时福神最多，因此正月初出生的人都是天生富贵之人，能逢凶化吉，事事顺心。

代。但是，作为舞龙运动来说，在宋代民俗艺术中虽有发展，但主要特征则是继承。辛弃疾的《青玉案·元夕》，对正月舞龙表演的盛况作了准确描述，词曰：

> 东风夜放花千树。更吹落，星如雨。宝马雕车香满路。凤箫声动，玉壶光转，一夜鱼龙舞。

虽然这首词没有具体描述宋代鱼龙之舞是怎样的舞，舞中有没有神妙的动作变化，但它确认了宋代鱼龙之舞的存在。

凤箫鼓吹，连绵不绝，月色之下，鱼龙舞长夜。新年除夕的盛况，人们尽情尽兴的情态，美丽的元夕

鼓 我国传统的打击乐器，也是祭祀时使用的神器。鼓可以分为祭祀用的雷鼓、灵鼓、乐队中的晋鼓等。其中，专门用于军事的叫"汾鼓"。此外，路鼓、晋鼓等也用于军旅。我国上古时代的战鼓皆由鳄鱼皮制成，而鼓皮选用鳄鱼皮，是取鳄鱼的凶猛习性以壮鼓声。

龙舞翩跹

舞龙习俗

■ 舞龙表演

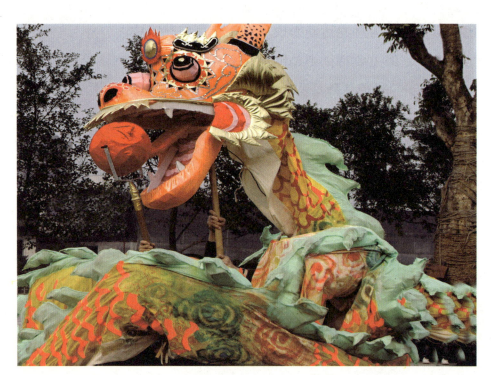

■ 舞龙表演

元宵节 又称为
"上元节"，是
我国的民族传统
节日，时间是农
历的正月十五。
正月是农历的元
月，古人称夜为
"宵"，而十五
日又是一年中第
一个月圆之夜，
所以称为正月
十五为元宵节。
吃元宵、赏花
灯、猜灯谜等是
元宵节几项重要
民间习俗。

月色，都在词家的笔下跃然而出。其中，"一夜鱼龙舞"中的"一夜"，点明了表演者和观赏者们尽兴至极，欲罢还休。

到了元明两代，舞龙运动的内容更加繁多。诗人阎尔梅在《丙午元宵》一诗中写道：

八宝龙灯舞万回，灯光玓瓅百花台。

八宝龙灯在元宵节期间演出，想必盛况空前。这首诗歌所描述的百花台，点明了元明时期的舞龙运动已经从根本上摆脱了求雨祭祀的活动目的，而彻底转变成民间的一种娱乐活动。

清代舞龙在表演上追求形神兼备，特别强调回旋婉转之态，讲究飞腾冲天之象。所以明末清初文学家李渔在《龙灯赋》里说：

行将飞而上天兮，旦宇宙而不夜。
不则潜而入海兮，照水国以夺犀。

以种类看，清代舞龙是我国舞龙运动发展史上的高峰。这从清代舞龙种类之多也可以得到证明。以上诗句已经点到的有火龙、烛龙、龙灯，此外还有"竹龙"。清人吴锡麟有专门的《竹龙》诗曰：

岂是葛陂化，金鳞闪几重。笑他骑竹马，又欲舞仙筇。赤手一群扑，青云何日从。叶公能好此，婉转叹犹龙。

舞龙的娱乐性、审美性的特征在以上诗句中传递得十分清晰，而这恰恰是清代舞龙对于我国古代舞龙的极大贡献。

赋 我国古代的一种有韵文体，起源于战国时期，盛于两汉。赋是由《楚辞》衍化出来的，多用铺陈叙事的手法，而且必须要押韵，这是赋区别于其他文体的一个主要特征。此外，赋是用来描绘客观事物的，所以风格要爽朗而通畅。

阅读链接

传说，当年龙娃在龙潭峡谷，任兴之所至，事事成功，于是受到鼓舞，最后竟然冒险到天上为人间偷来了天书，因此触怒了玉皇大帝，惹下大祸。玉皇大帝派二郎神来抓龙娃归案，龙娃手拿天书和二郎神奋力相争，把天书抖落了一地。二郎神一怒之下杀了小白龙，弃刀于地，把散落的天书收拾起来，提着小白龙的头回天庭复命去了。

后来，女娲听说小白龙冒死为她的子民殉难，大为感动。于是，就收了龙娃的无头冤尸，唤回他的冤魂，封它为"无头冤神"，把他安放在山崖下的石洞中。

丰富多彩的舞龙习俗

　　在古人的心目中，龙具有呼风唤雨、消灾除疫的功能。而我国自古就是以农业立国，风调雨顺有着极为重要的意义。所以，古人极力希望得到龙的庇佑，由此也形成了多种祭祀时舞龙的习俗，同时伴随

■ 舞龙表演

着神奇的传说，被不断传承。

■ 舞龙表演

舞龙头是一种舞龙运动，原是畲族的一种祭祀活动。器械只有龙头，没有龙身和龙尾。舞龙头由日、月、星等组成仪仗队。龙头是用木雕成，涂上色彩，显得古朴、庄严。

祭祖时，执龙头者随着鼓点做出各种动作，或进或退，或舞或止，或跳或蹲，有一定的章法。舞龙头表现了"九龙出世"及成长的过程，包含了"九龙出世""东海嫁水""行云布雨""深潭求亲"和"九龙归位"等套路的表演。

此外，龙头和绣球有的是用篾子编扎，用彩纸糊裱而成，直立安在木桶上。运动参加者为7人至10人，一人持绣球，其余人持龙头。在锣鼓声中，龙头随绣球翻滚、跳跃，集武术、杂技为一体，有各种造型，如迎龙伞、龙抢珠、龙珠伞大会串等。

绣球 一般由彩绣做成，是我国民间常见的吉祥物。在我国古代，有些地方有一个风俗，当姑娘到了婚嫁之时，就预定于某一天让求婚者集中在绣楼之下，姑娘抛出一个绣球，谁得到这个绣球，谁就可以成为她的丈夫。在很多地方，抬新娘的花轿顶上要结一个绣球，意图吉庆瑞祥。

■ 舞龙表演

花棍 连厢棍，也叫金钱棍、霸王鞭，是满、蒙古、彝、白、苗、土家、汉等族摇击体鸣乐器，流行于全国各地，尤以我国北方、云南和中南一带盛行。用一根细木棍或细竹竿制作，棍长80厘米至100厘米。摇动花棍，铜钱或小铜钹撞击孔壁而哗哗作响。花棍表面涂以红、黄、兰等色漆饰。

舞龙头的运动形式有平地和桌子上两种。平地套路有龙王滚车、鲤鱼翻白、鲤鱼翻梁、猴子翻梁、小合包、大合包、雪花介顶、龙王成楼等。桌上套路有开四门、画眉四角、画眉跳对门、鲤鱼上滩、鲤鱼下滩、鲤鱼跳龙门等。

在四川济州龙溪一带的羌族人民中，舞麻龙是流传于祭祖中的一项体育活动，有耍花棒、龙凤相会、神棍戏麻龙、跳神棍、麻龙追彩霞等套路动作。

表演者腰间系一串铜铃，女的手执一根扎有彩球和彩带的彩花棒，棒上镶铁环扣和铜铃；男的手中的彩棍，一端用麻扎成精美龙头，另一端用拖有7米多长的麻髯为龙身。

锣鼓声起时，龙首时低时昂，麻龙飞舞，花棍旋转，龙击花棍，球戏麻龙。龙身甩动中发出的啪啪响声，与腰间的铃声，棍上的铁环声，歌声、鼓声、呼喊声交织混合，风格独特。

仫佬族有舞草龙的习俗。草龙用禾秆草编成。编织者先编一条长长的草帘，编到最后，分3个叉略往上翘起，象征龙尾；把草帘的另一头反折一层做两个弯角翘起，形似龙头；中间每隔约两米扎一小捆椭圆形禾草，串上一根竹子做龙身。

人们还在龙头前面单独做一个圆形草团作为龙宝或龙珠，再进行一些装饰，在龙头、龙身、龙尾挂上一些彩纸，便在村头村尾舞起来。

过完春节后，人们将草龙拿到河边烧掉，送龙回龙宫。平时如果村子里遇到什么灾害，或者久旱不雨，也扎草龙去河边焚烧，祈求龙王消灾、降福或降雨。

浙江开化的舞草龙又称草龙、稻草龙或香龙。草龙捆扎以稻草搓成粗大的绳索，再扎成龙首龙尾，形

■ 舞龙表演

■ 舞龙表演

同长龙，绳索上插上点燃的香枝。

相传，唐代便有迎草龙送龙神的活动，一直延传至今。每年中秋之夜，苏庄镇各村农民高擎香火草龙，或穿梭于村中大道，或起舞于晒场田野。

传说朱元璋在苏庄镇毛坦坞口村休整时，当地百姓为他献了宝马，并在中秋佳节迎舞草龙。朱元璋非常高兴，认为这是做天子的预兆。登基后，朱元璋御敕当年舞草龙的毛坦坞口村为"富楼村"，并赐对联：

百世安居金溪富楼胜地

千年远脉越国传裔名家

对联 也叫楹联或对子，是写在纸、布上或刻在竹子、木头、柱子上的对偶句，对仗工整，平仄协调，是一字一音的中文语言独特的艺术形式。对联相传起于五代后蜀主孟昶，它是中华民族的文化瑰宝。

中秋节晚上舞草龙，是浙江开化县苏庄镇各村村民的一件非常重要的事。

白天，全村老小抱来刚从田里收割的新鲜稻草，扎成一条长达80多米的草龙摆放在祠堂里，并在草龙身上插满纹香。当夜色降临时，村民聚集在祠堂里，拿着火把，当族长一声令下，全村人一拥而上，去点燃草龙身上的香火。

点香火的传统，据说谁点燃的香火多，他家来年的收成就好。然后，村里的青年男女高举香火草龙，狂奔飞舞，穿梭在村庄小道上，起舞于稻田旷野中，皓月当空，火龙腾云驾雾，其景十分壮观。

舞草龙的习俗在广西壮族自治区的阳朔县兴坪镇也流传已久，相传甚远。每年只有在正月十三到正月十五这段时间才舞草龙，并在晚上才舞，草龙全身用稻草扎成，龙身有15节左右，每节都插有点燃的香，龙身在舞动时，点燃的香随风飘动流星般闪烁，非常漂亮。

每当草龙舞到某一户人家时，这家的人便会主动地为草龙插香和燃放边炮，以祈求来年平平安安，风调雨顺。

泼水龙是湖南湘西土家族祭神求雨的仪式，一旦出现旱灾，当地头面人物就会出来组织泼水龙，演出极其隆重。

祠堂 指族人祭祀祖先或先贤的场所。除了崇宗祀祖之用外，各房子孙平时有办理婚、丧、寿、喜等事时，便利用这些宽广的祠堂以作为活动之用。在我国古代，家族观念是相当深刻的，往往一个村落就生活着一个姓的一个家族或者几个家族，都会建立自己的家庙祭祀祖先。

■ 舞龙表演

■ 舞龙蜡像

端午节 又称端阳节、午日节、五月节等。端午节起源于我国，最初是我国人们以祛病防疫的节日，后来传说爱国诗人屈原在这一天死去，也同时成了纪念屈原的传统节日。端午节有吃粽子、赛龙舟，挂菖蒲、蒿草、艾叶、薰苍术、白芷，喝雄黄酒的习俗。

表演时，有龙头一个，龙身9节或11节，都不糊纸，不披布，只通插柳条，取"愿得柳枝甘露水"之意，并有鱼、虾、蚌、蛤等执事陪衬。

表演时，赤膊者沿街舞龙，围观者以水泼之，舞龙人被淋得全身湿透，以此祈求天降大雨，水越多则预示雨越大，因此周围村寨人人参加。

舞龙和执事者无特殊要求，但龙前执龙珠者须有武功，按"四门架子""八虎拳""苏公背箭"和"猛虎跳涧"等套路表演，相沿成习。

土家族有舞草把龙的习俗，草把龙因龙用稻草扎成得名。用一大把稻草扎成有嘴、有角、有眼睛、有胡须的龙头，用一捆稻草索扎成与龙头颈一般粗的7节龙身，再用一把稻草扎成鱼尾形的龙尾，一共9节，用稻草间隔地连起来，每节插一根竹木杆为把，这就是草把龙。

舞草把龙，主要在土家农村山寨举行，每年农历五月至七月，为舞草把龙时间，舞龙的意义是娱乐中包含驱瘟、防火两种。

驱瘟一般是在农历五六月间，此时是田间稻草苗猛长期，天气炎热，病虫多发，其中毁灭性的病虫害为稻瘟病。古时的土家农民常以舞草把龙来驱逐稻瘟病，久之成习，聚众娱乐。

舞草把龙驱瘟，从村寨出发到田野，在每片稻田区、每丘田坎上都要依次顺路舞到。舞龙队伍，在吹牛角号、放三眼炮、敲锣打鼓、燃放鞭炮声中表演舞技，颇为壮观。在各自村寨的所有田间舞完后，将草把龙抬到溪沟边烧掉，谓之送龙归海。

迁火焰，是在农历的五月端午节前后或七月间稻谷即将成熟期在村寨举行。舞龙这天，全寨各家的堂屋中间放一盆水和一筛子五谷杂粮，候舞龙队伍来。

舞龙队伍中除了舞9节草把龙外，有一条将一丈长的竹子从中破成船形，在中间装一盆炭火的火焰，由两人抬着。另有射水、射箭和土老司3人及随后自由观众若干。

舞龙队在土老司领头下，从村头第一家开始，由上而下顺次进各

舞龙

■ 舞龙表演

家堂屋后，龙头向堂屋神龛做三点头行礼，接着绕堂屋一圈，再舞各种花样。

此时，射水人用射水筒吸盆中水，向东南西北中五方射水，意为灭火。土老司抓筛中五谷，向东南西北中五方各撒一把。撒到中方为堂屋大门外时，舞龙队出门舞到另一家堂屋。

全寨各家都舞到以后，把草把龙和火焰抬到溪沟边烧掉，浇水回海。舞龙迁火焰的意思是：请龙把火焰神迁出村寨，以免火灾保平安。

香火龙流传在湖南汝城已久，县志早有记载。据传，汝城香火龙最早起源于祀龙止雨、祀龙止水，其形象主要来源于当地寺庙中有关龙的壁画和雕塑。

香火龙的制作材料，以当地所产的稻草、棕叶、楠竹、向日葵秆、特制的龙香为主，所用工艺也是当地传统的扎制工艺。

县志 我国古代记载一个县的历史、地理、风俗、人物、文教、物产、气候等的专书。一般20年左右编修一次。我国最早的全国地方志，是813年唐代李吉甫编的《元和郡县图志》，共40卷，后有部分散失。我国存的地方志达8000多种，约12万卷。

舞香火龙的招龙仪式，在每年正月的元宵节前后夜间进行。火龙有圆龙、扁龙，还有特制的龙，长度分为7节、9节、11节等，最高的4米多，最矮也有3米。

香火龙制作材料简单、制作工艺精巧、工艺流程复杂、造型威武、气势恢宏，展演程序清晰、香火明丽、气氛热烈、场景壮观、群众参与性强，具有典型的地域标志性文化。

表演香火龙时，必有两龙，即母龙和子龙；两狮，即母狮和子狮陪随而舞，一狮在龙前引路，一狮在龙尾跟随。

香火龙的全身用竹子和稻草扎成。母龙长度一般为7节，子龙长度一般为5节，用当地特制的大约为半米长的"罗汉香"插满龙的全身。

当夜幕降临时，以土炮三响为号，鼓输管弦乐器、花炮齐鸣，众人手持火把点燃龙身全部香火，抬龙出游，情景十分壮观。

香火龙的表演程序上有翻滚、喷水、沉海底、跳跃、吞食、睡眠等动作。沉海底和吞食表演技巧上难度较高。引路和尾随的两头狮子，除各自做翻滚跳跃的动作外，还做些引龙和随龙护驾的动作。

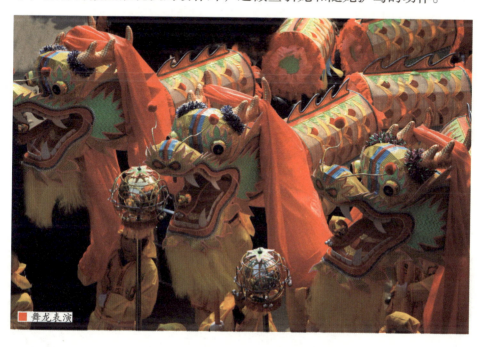
■ 舞龙表演

民间舞香火龙常在虫灾发生的时候举行，点燃的香火插在龙身上，点点火光组成了一条金光闪闪的龙在夜空遨游。虫萤追逐龙身的点点火光飞来，香火龙穿过街巷，舞至田边地头，飞虫追逐香火，越集越多。

舞龙队伍在水塘边突然停下，猛地将草龙连头带尾，深深扎入水中，水淹没了龙，也淹没了飞扑香火的虫群。香火龙在除害虫这一点上，较其他形式的舞龙有更高的实用价值。

舞香火龙是汝城特有的一种民间艺术闹元宵的传统活动，全县所有村镇都舞香火龙，已有1000多年的历史。

在每年的元宵节前后，人们带着平安和丰收的期望，积极开展这种舞龙的活动，活动时全村的男男女女全部参加。香火龙用稻草、竹片扎成，把敬神用的，高约1米的香插在稻草扎成的龙身上，一般长达数十米。

夜幕初临时，全村人将龙香点燃，整个龙体在夜幕中火光四射，熠熠生辉，在手提火绣球的小伙子的指引下，由数十到数百个年轻人

■ 舞龙表演

一起将它舞起。全身红光闪闪的香火龙在村镇的大街小巷来回穿梭。

经过村民家时，每家每户都会点燃蜡烛、燃放鞭炮烟花，以示迎接龙的到来，象征着好运和一年的日子红红火火。

浙江省流行的"百叶龙"，是一种构思和制作均极奇巧的龙。百叶龙，顾名思义，是由百叶构成。而此叶不是一般的树叶和茶叶，而是一瓣瓣荷花的粉红花瓣组成。那

■ 舞龙灯

一瓣瓣粉红娇艳的荷瓣，组成一朵朵硕大的荷花，一朵朵硕大的荷花，串成一条条冲天而起的巨龙。

百叶龙由17人两手分持特制的道具表演。开始时，演员手持荷花、荷叶形的道具分开站立，边唱边舞，表现蝴蝶飞舞于荷叶和荷花丛之中。

片刻后，演员分别将特制的道具翻转成龙头与龙尾，其他人以荷花的道具相配合形成龙身，随即一条花龙腾空而起，舞蹈既优美又别致。

舞者手执荷花灯、荷叶灯、蝴蝶灯，翩翩起舞。人们只见朵朵盛开的荷花，在片片荷叶中飘移和舞动，似一只美丽的蝴蝶在花丛中飞舞一样。

一段优美抒情的舞蹈后，舞者齐聚场中，突然

茶叶 我国南方的嘉木，茶树的叶子制成茶叶后可以泡水饮用，有强心、利尿的功效，是一种保健饮品。茶的口感甘甜，清新醇厚，香味持久，是我国各地普遍受欢迎的一种饮料，同时也是世界三大饮料之首。茶是我国人民对世界饮食文化的贡献。

■ 舞龙表演

梨园 我国唐代训练乐工的机构。《新唐书·礼乐志》载："玄宗既知音律，又酷爱法曲，选坐部伎子弟三百，教于梨园。声有误者，帝必觉而正之，号皇帝梨园弟子。"可知为唐玄宗时宫廷所设。梨园的主要职责是训练乐器演奏人员，与专司礼乐的太常寺和充任串演歌舞散乐的内外教坊鼎足而三。

间，一条巨龙在人们的眼前腾跃而出。原来那一朵特大的茶花灯，背面绘制的是一个辉煌壮丽的龙头，朵朵荷花紧紧相扣连，组成龙身，片片花瓣，变成龙身上的片片鳞甲，美丽的蝴蝶成了抖摆的龙尾，而荷叶则成了朵朵白云。

那冲天而起的巨龙，在青翠滴绿的荷叶组成的绚丽云彩的簇拥下，俯仰翻滚，时而奋勇冲霄，体现无畏的力量，时而婀娜缠绵，表示有情有义的襟怀，给人以美不胜收的艺术享受。

事实上，制作百叶龙并不是很容易，长兴有一位出身梨园世家的石玉楼师傅，他家是造"龙"专业户。石师傅自小爱龙，凡游名胜古迹，必对龙的造型细细琢磨。

石师傅说，古时制龙都为四爪，清代开始才改为五爪金龙。为了能使百叶龙获得成功，他不知花了多少心血，光龙头就动了不少脑筋，一共有130多道工序，80多种材料，由一朵特大荷花精心构成。

至于龙的眼睛则难度更大，古人有画龙点睛之说，石师傅不仅能使龙眼有神，且开闭自如，眼珠又能转动，舞龙时，静则睡态可掬，动则活灵活现，栩栩如生。

龙鳞由900多片粉红色花瓣缀结，龙躯由大荷花分9段层层连接延伸，每段即朵荷花，每朵用60多片布或透明的双条彩绢制成的花瓣叠成，龙躯长十五六米。

百叶龙龙尾制作工艺很高，当两只蝴蝶在荷塘边舞动时，龙尾是蝴蝶，当一朵大荷花和彩蝶紧跟时，随着雷声大作，荷花变成巨龙，蝴蝶又转眼变成了刚劲有力的龙尾，与龙躯衔接。

整条百叶龙的各个部位都具双重性质，既是龙躯龙头又是荷花。别具一格和设计巧妙的道具，使百叶龙更具江南神韵和独特意境，堪称"江南一绝"。

烧火龙又叫"舞火龙"，是流传于广东丰顺一带的独特的民间传统项目，一般在春节和元宵夜举行。

关于烧火龙，民间流传着许多故事。传说很久以前，丰顺一带来了条火龙，浑身喷火，兴妖作怪，从此，土地干裂，禾苗枯死，

舞龙表演

鞭炮 说法上各个历史时期上的不同，称谓从"爆竹""爆竿""炮仗""编炮"一直到"鞭炮"。鞭炮最开始主要用于驱魔避邪，在传统节日、婚礼喜庆、各类庆典、庙会活动等场合几乎都会燃放鞭炮，特别是在春节期间，鞭炮的使用量超过全年用量的一半。

农民心焦如焚。

这时，一对年轻夫妻挺身而出，带领大家凿山引水。然而，水通了，火龙又来了，它张开血口，喷出烈火，烧死年轻夫妇，烤干了水的源头。

年轻夫妇留下的男孩张共，继承父志，到峨眉山求仙学法。3年后归来，与恶龙苦战三天三夜，用神火将恶龙烧死在洞里，他自己也力竭身亡。

从此，当地风调雨顺，五谷丰登。当地人民为纪念张共，庆祝丰收，每年元宵之夜要举行烧龙活动。年复一年，形成风俗。

烧火龙的"火龙"，是用纸扎成的，长15米至20米，四周扎满五颜六色的鞭炮。起舞前，先燃响鞭炮，以引龙出海。然后一队赤膊袒胸和举着火棍的舞火龙者，随着快速的锣鼓声在场上快跑，反复3次，名叫"请龙"。

接着，火龙出场了，它在场上绕着大圈子，先从龙嘴中喷出火来，然后，龙身上扎着的鞭炮被点燃了，从头至尾，火光四射，霹雳连声。巨大的龙身就在烟火和爆响的包围之中，上下翻飞，左右腾舞，煞是好看。

■ 舞龙表演

此时，预先准备在场上的烟花架，朝天上射出串串烟花，五彩缤纷，璀璨夺目，从而把舞火龙推向高潮。

　　整个活动持续10多分钟，待烟火熄灭，火龙也被烧掉了。而舞火龙者的胳膊上、胸脯上灼起一个个血泡，以血泡最多者为吉利。

　　舞火龙也是广东的大路边镇与星子镇中秋节的传统习俗。据说，舞了火龙后村子可以逢吉避凶，风调雨顺。

　　从中秋节起，连续3天，大路边镇与星子镇都会舞火龙，特别是最后一天，舞火龙会达到高潮：一条条的火龙走街串巷，给各家各户带来好运气，然后聚集到镇中心，集中舞蹈。

　　不少慕名而来的人们，都携带着鞭炮等候火龙的到来。旁观者用鞭炮往赤膊的舞龙者身上丢过去，鞭炮在年轻人的身上炸开。但是勇敢的舞龙者却不在意，而且欢迎你这样。只要鞭炮不停，火龙就会不

龙凤崇拜与舞龙舞狮

■ 舞龙表演

灯笼 又名"彩灯"或"花灯"，是我国传统农业时代的文化产物，兼具生活功能与艺术特色，是汉民族民间文化的瑰宝。花灯起源自汉武帝设坛祭祀太一神时，彻夜点灯照明，此为元宵节点灯的开端。元宵节是中国传统的灯节，各式花灯鲜艳夺目。

停地舞下去。

第二天的白天可以看到带着一身伤口的年轻人，他们用红色的药草敷在伤口上，而在他们的脸上却呈现出一副自豪的神情。据说，谁脸上的药草敷得越多，来年的生活就越红火，运气越旺。

灯笼龙又叫"灯龙"，此种龙大都盛行在土家族聚居的集镇，一般在农历正月初三出灯，十五结束。灯龙由9节组成，意为老龙被斩为9段。龙头用竹条扎成架子，糊上白色清明纸，涂上各种颜色，形态逼真，有角、有嘴、有眼、有胡须。

龙身各节用细篾扎成圆筒形，外糊清明纸。龙尾亦用细篾扎成鱼尾形，用红布带将龙头、龙身、龙尾连接起来，并在龙头、龙身、龙尾各节内点一蜡烛灯，似为灯笼。

舞灯龙时非常热闹，前有2至4对排灯开道，标明此灯龙是哪个村寨或街道的巨龙，排灯后还有鱼、虾和蚌壳、灯笼等，在锣鼓、号角声中晃头摆尾，畅游各街头巷尾。

玩灯龙的动作有"黄龙下海""金龙抱柱""二龙

抢宝""老龙翻身""金龙过海"等。灯龙所到之处，鞭炮不断，烟花弥漫，围观者水泄不通。

有的人家为了迎接灯龙进屋，门前排列着大花筒鞭炮36对，鞭炮数万响，望胆大者进院一试。灯龙进入院内，四周门外的花筒炮、鞭炮腾空爆炸，烟花四起。此时，除灯龙各节有灯光外，其他灯光全熄。灯龙在鞭炮与焰火余光中飞舞，十分壮观。

舞灯龙者，大多赤膊绑腿，与巨龙翻腾融为一体。灯不熄，龙不停，鞭炮不断。一旦灯龙口中喷水，主人便拉着龙须挂朋披红，用上等佳肴款待舞龙队伍。

如果舞龙者胆小，怕烟花、鞭炮，到门前没龙抬头敬礼则退场的话，就得不到主人的彩绸，品尝不到上等佳肴。所以，舞灯龙者，都是眼快手快舞技高强的能手。灯龙进院，尽管焰火横飞，都烧不着龙身和人体。舞技不强者，也有舞着巨龙进院，光着竹圈出院的情形。

灯龙玩到农历正月十五日结束，从正月十三至十五是烧龙日。烧

■舞龙表演

龙，是在溪河边或有水的沟边进行，烧龙时，把龙放在地上，众人把事先准备的花筒炮、烟花和鞭炮等火花直对龙身喷去。待龙燃烧完后，众人"啊"声连天，尽兴跳跃一阵，将灯龙残骸送入水中，浇水冲去，意为送龙归海。

板凳龙也是一种舞龙运动，相传源于汉代，由"舞龙求雨"的宗教活动演变而来。

相传，在很久以前，遇上了大旱，东海的一条水龙不顾一切跃出水面，下了一场大雨，但水龙由于违反了天条，被剁成一段一段撒向人间。

■ 舞龙表演

人们把龙体放在板凳上，并把它连接起来，人们称之为板凳龙。人们不分昼夜地奔走相告，希望它能活下来，舞板凳龙的习俗也由此产生。

龙舞还有干龙和湿龙之分，干龙多为娱乐，湿龙则为求雨。龙到之处，百姓必泼开水助威，舞者被烫得哇哇大叫，一身透湿。谁的叫声越高，谁家就越喜庆。

板凳龙有多种多式样的耍法，其中有独凳龙。一条家用普通花条板凳饰以彩龙，可由2人至3人舞。一人玩时，两手分别执前后腿。两人玩时，一人执前两

天条 在我国神话传说中，所有的神仙都要服从玉皇大帝和王母娘娘的掌管。天条就是玉皇大帝和王母娘娘为了维护天庭的秩序而定下的规矩和教条，违反了天条的神仙就会受到惩罚。

腿，另一人执后两腿。三人玩时，前两人各以侧手执一腿，后一人双手执两腿。舞动时按照规定套路，合着鼓点，有规律、有节奏地舞出各种花样。

还有多凳龙，每人各举一凳。前一名示龙头，后一名示龙尾，其余为龙身。另由两人举宝珠逗引龙行进，数人协调行动，节节相随，时起时落，穿来摆去。

有时，一条龙从头到尾，要用80多条板凳相连，板与板之间用一木棍相连，每一个木棍有一人拿着，每条板凳上都扎着花灯以替代龙体，花灯上都画了自己喜欢的花、草、树、鸟等图案。

由于每只花灯都按自己的喜好所画，为此80多只花灯的图案竟各不相同，甚至五六条龙走在一起也找不出相同的图案。

到了夜晚，花灯内点燃烛光，形成一条长长的灯。有篾扎板凳龙，即用竹篾扎成龙形置于板凳之上，以木脚示龙爪，造型逼真。

耍板凳龙又分两种舞式，一为独凳龙，一为9节龙，即由9张板凳相接。耍独凳龙时，将板凳翻过来四脚朝天，一人出右手一人出左手

■舞龙表演

合抓一头，第三人双手抓住另一头的两只脚。

耍起来时，要求头尾相顾，配合协调。当头高时尾要随低，头向左尾则随向右摆。头往上引，耍尾者松手换位。舞龙尾的角色必须由步法灵，速度快，眼力好的角色担任。舞龙头的两人要求身高一致。

耍9节龙，由9条长凳组成，第一节为龙头，第九节为龙尾，其余为龙身。龙头在耍宝人的带领下，时起时落，穿来拐去，活像出水蛟龙。整条龙要求配合默契，节节相随。

板凳龙动作有二龙抢宝、黄龙穿花、二龙戏水，金蝉脱壳，黄龙盘身等。

板凳龙中，较为有名的一个分支是江苏兴化沙沟的民间板凳龙。沙沟板凳龙源自明末清初的东岳庙会，已有300多年的历史。

总之，各地舞龙习俗形式多样，内容丰富，通过舞龙来祈求神龙，以保风调雨顺、五谷丰登，已经成为了华夏民族的传统。

龙凤图腾

龙凤崇拜与舞龙舞狮

阅读链接

香港中秋舞火龙的起源有过一段传说：很早以前，大坑区在一次风灾袭击后，出现了一条蟒蛇，四处作恶，村民们四出搜捕，终于把它击毙。不料次日蟒蛇不翼而飞。数天后，大坑便发生瘟疫。这时，村中父老忽获菩萨托梦，说是只要在中秋佳节舞动火龙，便可将瘟疫驱除。事有巧合，此举竟然奏效。从此，舞火龙就流传了下来。

在香港，中秋节舞火龙已有100多年的历史，这是值得珍视的。大坑区的舞火龙活动规模颇大，除总教练、教练、总指挥及指挥外，还有安全组等。轮番舞龙者达3万多人。

舞龙种类的发展与演变

　　舞龙是一种大型的团体性的习俗活动。在长期的发展演变中，舞龙也形成了许多不同的样式，主要有龙灯、布龙等。

　　龙灯也称"火龙"，这是流行最为广泛的一种龙舞。这种龙由篾竹扎成龙首、龙身、龙尾，上面糊纸，再画上色彩。

　　节日中点燃蜡烛，有的地方不点蜡烛，而是用桐油、棉纱或灯草做成的油捻。这种油捻燃烧很持久，龙灯舞动时五光十色，始终不会熄灭。

　　龙身有许多节，节数

舞龙表演

龙凤图腾

龙凤崇拜与舞龙舞狮

■ 舞龙表演

瑶族 我国一个支古老的少数民族，主要居住在山区，自称"勉""金门""布努""炳多优""黑尤蒙""拉珈"等。瑶族有自己的语言，通用汉文。瑶族人的长寿、美容与医术有极高造诣水准，少数山区的极少部分瑶民还擅长茅山巫术。

可多可少，但必须是单数。下面装有供舞者手持的木柄，龙前还有一人手举红色绸珠指挥龙舞。

如广东阳江的"鲤鱼化龙"，灵活奇巧，善于变幻，舞龙手身着可开可合的鲤鱼皮，观众起先看到的是一条条戏水之鱼，可随着明快的乐曲突然一变，鱼儿成龙，然后一条口中喷火的鲤鱼跃过龙身，象征鲤鱼跳龙门之意。

有的地方闹元宵，各路龙灯汇集竟达百余条，队伍长达一两公里。每条龙灯还伴有十番锣鼓，声闻十里，甚为壮观。

舞龙灯是瑶族人民逢年过节时跳的舞蹈，以祈求风调雨顺，人寿年丰。尤其大旱之年，更要组织举行盛大舞龙灯活动，盼望天降甘露，以保好收成。

出于对龙的崇拜和信仰，舞龙灯一直在瑶族人民的心目中占有着重要的位置。所以，舞龙灯在瑶寨广泛流传，经久不衰。

瑶族民间曾有这样一段传说：在很久以前，瑶民世代在高山峻岭的山坡地开荒，刀耕火种，种出了各种作物。但经常受到毒虫、野兽的糟蹋损害，甚至连人们的生命也爱到极大的威胁。

龙宫大帝为了给人间消灾除害，于是化身成一条色彩斑斓的巨龙，在山岭上空翻滚游动，浓雾滚滚，并放射出五颜六色的光芒，发出隆隆的巨大响声，久久地在山间回荡着。

从此之后，害虫、野兽再也没有出现，年年获得好收成，人们过着安居乐业的生活。人们为了感谢龙宫大帝的恩德，就用篾扎纸糊成一节节的龙灯，点燃灯火，举着龙灯欢快地起舞。此习俗一直流传至今。

每次举行舞龙灯时，首先要举行请龙仪式：众人举着已扎制好的龙灯，一齐到溪、河边，面对河流，洒酒点烛、烧香化纸后，再到土地神位处，点烛、烧香化纸，拜求土地神灵允许舞龙灯。然后，才开始串村过寨，从年头开始，至元宵节通宵达旦地进行表演活动。

舞龙灯活动结束前，要举行送龙仪式：由舞龙者举着龙灯又回到河边，面对河水，洒酒点烛，烧香化纸，同时将龙灯点燃烧掉，以示送龙归海。

龙灯由龙珠灯1个、龙头灯1个、龙身灯7至9个、龙尾灯1个组成，另加鱼灯2个，牌灯4个，共18人组成龙队。每人手举1个灯，按次序排列。

舞龙表演

龙珠灯在前引龙，龙头灯随着龙珠灯的晃动方向追逐；龙身灯一个接一个跟随着龙头灯走动和左右、上下晃动；龙尾灯紧跟在最后，不断地摆动；2个鱼灯随着龙的滚动，在两旁衬托配合自由地游动；4个牌灯分别在表演场地的边沿4个方位站立，不参与舞动。

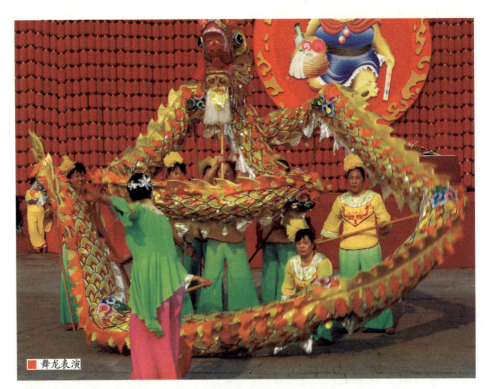

　　龙灯表演时，根据场地的条件，每套动作可舞两个方位，多数是按顺时针和逆时针方向转动做完一套动作后，便可以接着舞第二套动作，直至舞完为止。

　　舞龙灯以鼓、钹、京锣、云锣等乐器伴奏，有时也可加入一支或两支唢呐，跟着击乐吹奏一些瑶族的曲调。在表演中，按舞龙动作的舞动状况，默契配合，最后进入高潮。

　　龙灯制作精致，用篾扎成形，表面再用各色纸糊贴出一些瑶族花边、花纹图案。每个龙珠、龙身灯，都制扎有8个风耳，舞动起来能自行转动，灵活、轻巧。每个灯内还可以点燃灯火，夜间舞动时，龙灯迎风转动，人走灯移，五彩缤纷，宛如游龙，别具特色。

　　布龙也称"彩龙"。制作布龙，工艺复杂，要掌握编、插、织、嵌、镶、缠、挂、剔等十多种技巧，共有200多道工序，所需的材料达100多种。

制骨架的竹片、竹篾，要选择不易虫蛀的毛竹，制作龙衣的布料，要选择质地最牢固的，用以印染龙鳞等的染料，也要买最上乘的产品。

布龙能否制作得传神、逼真，很大部分体现在龙头，龙头是布龙制作的关键部位。从编扎龙头骨架，到制作龙角、耳朵、眼睛、牙齿、舌头，道道工艺，要十分尽心才行。

舞布龙主要在白天表演，节日中不点燃蜡烛，所以表演时腾飞欢跃，好似江海波翻浪涌，气势非凡雄伟，别有一格。舞龙时，循势连贯表现巨龙盘旋欢腾，动作非常复杂。

舞布龙主要分形、舞、曲3部分。形，以彩色布为主要原料，配以竹、木等辅助材料，制成逼真，威武雄壮的布龙。

舞龙队员运用滚、翻、伸、跳等全身动作，舞出龙腾云驾雾、翻江倒海的动态，展示出龙灵活、气吞山河搏击长空的雄姿，反映了人类勇敢拼搏的豪迈气概。

曲，有龙歌和伴奏音乐。节奏运用或缓慢、或激越、或如夜雨定叶，或如微风摇曳。描绘出龙由静到动，由开始、高潮，到结尾全过程。

唢呐 我国民族吹管乐器的一种，最晚在16世纪就在我国的民间流传了。唢呐音色明亮，音量大，管身木制，成圆锥形，上端装有带哨子的铜管，下端套着一个铜制的喇叭口，所以也称喇叭，在台湾民间称为鼓吹，广东地区亦将之称为"八音"。

■ 舞龙表演

■ 舞龙表演

　　奉化布龙因起源于奉化而得名，是全国很有影响的代表性龙舞之一。奉化布龙由敬神、请神、娱神，逐步演变成为富有特色的民间舞蹈，其舞姿优美、风格独特，具有强烈的艺术感染力，已有800多年的历史，是中华民族的古典舞。

　　奉化山川秀丽，有很多山涧渊潭。旧时，人们把这些深潭视为龙的隐身之处，称为龙潭。又把生长于潭中的蛇、鳗、蛙等水生动物视为龙的化身，尊称为龙王。

　　每当干旱，田地龟裂，禾苗枯萎之时，农民们就敲锣打鼓，成群结队去龙潭祈祷，向龙王求雨，待到旱情解除，又把它送回原潭，这成了定规。奉化的龙舞，到了清末，已经形成了一套固有的程式，以后更有发展，队伍也有扩大。

　　舞得活、舞得圆、神态真、套路多、速度快，是奉化布龙的主要艺术特征。奉化布龙的舞姿变化多端，整个舞蹈动作有盘、滚、游、翻、跳、戏等40多个套路和小游龙、大游龙、龙钻尾3个过渡动作。

　　具体舞蹈动作有盘龙、龙抓身、挨背龙、龙搁脚、左右跳、套头龙、龙脱壳、龙翻身、双节龙、背摇船、圆跳龙、满天龙、游龙跳、靠足快龙、弓背龙、龙戏尾、龙出首、快游龙、直伸龙、快跳龙、滚沙龙、大游龙、小游龙和龙钻尾等。

其中，许多不同的跳跃动作和躺在地上滚舞的技巧，都是民间艺人通过丰富的想象力创造出来的，并在实践中不断充实、提高和完善。

舞者速度快，调动的幅度也相当大，技艺娴熟，动作干净利落，灵活敏捷，所有的舞蹈动作都在龙的游动中进行，舞动时做到"人紧龙也圆，龙飞人亦舞""形变龙不停，龙走套路生"。舞得狂，舞得活，龙身圆，形态神。

动作间的衔接和递进十分紧凑，再加以热烈而奔放的锣鼓，只见龙在飞腾，人在翻舞，龙身迎风，呼呼有声，煞似蛟龙出海，令人屏息凝神，目不暇接，确有一种翻江倒海的磅礴气势。

奉化布龙以竹篾制成骨架，又用布料做龙面、龙肚，故名。奉化布龙在形制上有9节、12节、18节、24节、27节不等，一人持一节。龙身既有龙面布，也有龙肚布，外观优美。

■ 舞龙表演

舞龙表演

　　12节以上的布龙制作得粗大结实，各节可以点燃红烛，夜间起舞时，五彩斑斓，犹如真龙凌空飞舞。但形体庞大，演出场所受限，唯有9节龙由于节数适中，形象矫健，舞动起来，显得灵活矫健，不择场地。在院子、厅堂随处可舞，深受群众欢迎。

　　舞龙作为一种民间艺术，是民俗文化的重要组成部分。通过龙文化的艺术展现，增强了中华文化的历史厚重感和民族的凝聚力。

　　我国的龙文化起源于上古农业社会的龙崇拜。龙在古人的原始信仰里是主水主雨之神。在传统观念里，舞龙可祈求龙王爷保佑当地风调雨顺。

　　舞龙最早是祈雨祭祀仪式的一部分。从上古到近代的很长历史时期，舞龙活动都含有对龙这个司雨大神的崇拜与信仰。

　　现在，舞龙活动中的祈雨意味已经淡薄或消失，但在一些地方仍然保存着这种古老的观念，还存有送龙到江河的习俗。

　　在舞龙表演结束之后，对舞过的龙如何处置，各地有不同的习俗。有的地方把龙存放到庙中，下次舞龙之前举行仪式"请龙"。

　　有的把龙头保存起来，把龙身烧掉。有的把龙全部烧掉，称为

"化龙"，再把灰烬倒入河流，让龙顺流回到东海。人们认为这样做，可使龙回到龙宫后，保佑这一带风调雨顺。

我国传统文化关于龙的观念是多重的，龙不仅是司雨、司水之神、华夏图腾，还是英勇、权威、尊贵的象征。在民间信仰里，舞龙除了能祈求风调雨顺，还能起到一般意义上的祈福辟邪的作用。在我国有些地方，人们甚至相信舞龙请灯可祈求生龙子添龙丁。

由于"灯"与"丁"谐音，我国很繁盛的灯俗里含有添丁求子的吉祥意义。而龙是权威、尊贵的神物，耍龙灯更含有祈求生龙子的意义。

在湖南、湖北一些地方，在龙灯舞到自家门前时，求子的妇女，就给耍龙灯的人交上钱物，请龙环绕自己的身体走几圈，有的还让一个小男孩骑上龙背，绕着厅堂转一圈，以求真龙送子。

安徽歙县流行中秋节小儿舞草龙，有孩子的人家都愿意让娃娃们出来舞一舞，没有孩子的人家找机会用新灯烛去换插在龙头上的灯烛，据说这样做便能得"龙子"。

浙江东阳、金华、贵州桐梓等地的龙灯会，流行"分子息"，即舞完龙灯会分灯或分糖果礼物；"挂红"，即村主或族长给龙头上披

■ 舞龙表演

挂红绸被面；"抢红"，即谁家将此被面抢购到手，谁家就子孙兴旺。

"产龙蛋"，即舞龙者进屋后，将两个红鸡蛋送给主人，让主人放到被窝里；"放圆宝"，即将逗耍龙灯的"圆宝"在家中存放一年，来年灯会前奉还等习俗。

这些习俗虽带有迷信色彩，却反映了自古以来中国民间对龙文化的传承，体现了一种独具特色的民族心理的延续，以及一种超越时空的文化穿透力。

龙是中华民族的象征，每一个炎黄子孙都是龙的传人。人们在舞龙和观赏舞龙的活动中，增强了对龙的传人的认同意识和对民族文化的自豪感。

龙以其生动、神奇、威武的艺术形象，刚毅、强悍的品行特征，无所畏惧、勇往直前的奋进精神，成为中华民族奋发图强、坚毅拼搏的精神写照和独特标志。从舞龙活动诞生的那一天起，就体现了中华民族追求人与自然沟通和统一的宝贵精神，成为我们今天必须珍惜和吸取的思想财富。

龙凤崇拜与舞龙舞狮

阅读链接

在漳州城西南的郊外，有一座美丽的圆山，山下有一条滚滚东流的大江，江里住着9条美丽而又善良的金龙。小金龙常在江里游泳、玩耍。人们就把这条江叫作九龙江。

有一天，天气晴朗，那9条小金龙正在大江里戏水玩乐，突然间，狂风大作，黑云滚滚，巨浪滔天，不知从哪里蹿来了一条恶龙，张牙舞爪地扑向小金龙，好像一口就要把它们全部吞下去的样子。最后，机灵的小金龙战胜了恶龙。在它们与恶龙战斗的地方，有两朵非常美丽的奇花，大家都不知道它的名字，因为它生长在水里，就把它叫作水仙花。

凤凰传说

　　凤凰，亦称为丹鸟、火鸟、鹍鸡、威凤等。凤凰是我国古代传说中的"百鸟之王"，与龙同为汉民族图腾，常用来象征祥瑞。凤凰的起源约在新石器时代，原始社会彩陶上的很多鸟纹是凤凰的雏形。我国发现的最早的凤凰图已有约7400年的历史。

　　龙与凤都是我国神话传说中的动物，也都是备受人们喜爱的祥瑞之兽。自古以来，我国流传着很多关于龙和凤的神话，古籍中也满是赞颂它们的诗文，君王们更是将这两种神兽视为天下太平、繁荣盛世的预兆。

代表和平与希望的凤凰

　　凤凰也叫作丹鸟、火鸟、鹍鸡、威凤等，是我国古代传说中的"百鸟之王"。凤凰与麒麟一样是雌雄统称，雄为凤，雌为凰，总称为凤凰，常用来象征祥瑞。

　　凤凰是传说中的神鸟，有着一身无与伦比、光辉灿烂的羽毛。凤

■ 凤凰剪纸

凰一般在太平盛世才会出现，因此常常有帝王将是否出现凤凰当成上天是否认为自己是圣贤之君的证明。

据我国最早的一部解释词义的专著《尔雅·释鸟》的注解，凤凰的特征是：

鸡头、燕颔、蛇颈、龟背、鱼尾、五彩色，高六尺许。

先秦重要典籍《山海经·图赞》中说，凤凰身上有五种像字纹一样的图案：

首文曰德，翼文曰顺，背文曰义，腹文曰信，膺文曰仁。

凤凰性格高洁，非晨露不饮，非嫩竹不食，非千年梧桐不栖，其种类繁多，不同的种类其象征意义也不同。传说中凤凰共有5类，分别是赤色的朱雀、青色的青鸾、黄色的鹓鹐、白色的鸿鹄和紫色的鸑鷟。

凤凰也叫"不死鸟"。这是因为神话中说，凤凰每次死后，会周身燃起大火，然后在烈火中获得重生，并获得较之以前更强大的生命力，称之为"凤凰涅槃"。如此周而复始，凤凰获得了永生。

凤凰不仅能够死后再生，相传也能知天下之治乱

麒麟是我国古籍中记载的一种动物，与凤、龟、龙共称为"四灵"，据说是神的坐骑。我国古人把麒麟当作仁兽和瑞兽。雄性称麒，雌性称麟，是一种吉祥的神兽，主宰太平和长寿。因为有深厚的文化内涵，我国传统民俗礼仪中，被制成各种饰物和摆件用于佩戴和安置家中，有祈福和安佑的用意。

■ 凤凰枕片

龙凤崇拜与舞龙舞狮

兴衰，是我国历史上王道仁政的最好体现，是乱世兴衰的晴雨表。古人曾分出5个等级，以凤凰的5种行止标志政治上的清明程度。于是历代帝王都把"凤鸣朝阳"和"百鸟朝凤"当成盛世的象征。

我国的"五帝"之首黄帝也期盼过凤凰的出现。我国杂编古籍《韩诗外传》记载说：

《韩诗外传》 西汉学者、"韩诗学"的创始人韩婴著。是一部由360条轶事、道德说教、伦理规范以及实际忠告等不同内容的杂编，一般每条都以一句恰当的《诗经》引文作结论，以支持政事或论辩中的观点。它对《诗经》既不是注释，也不是阐发，是实际运用《诗经》的示范性著作。

> 黄帝即位施惠。承天一道，修德，唯仁是纤，宇内和平，未见凤皇。唯思其象，凤昧晨兴，乃招天老而问之曰："凤象如何？"

天老是黄帝的辅臣，相传他见多识广，熟悉各种祥瑞之物。于是，他为黄帝描述出的凤凰，也就成了后人对凤凰的最初的印象：

> 夫凤之象，鸿前，鳞后，蛇颈而鱼尾，龙纹而龟身。燕颌而鸡喙。

天老不但描绘了凤凰的长相，还告诉了黄帝凤凰送来祥瑞的5种现象。黄帝马上反省了自己："原来是这样！以我的所作所为，怎么配得上凤凰出现呢！"于是，黄帝便穿上黄袍，戴黄色冠冕，祈求凤凰的到来。

没多久，凤凰便遮天蔽日飞来。黄帝叩头再拜，说："皇天降祉，不敢不承命。"凤凰便栖于黄帝宫殿东园的梧桐树上，以竹为食。

其实，黄帝见到凤凰的传说在河图洛书之前就有。据说有一天，黄帝正在洛水上与大臣们观赏风景，忽然见到一只大鸟衔图放到他面前，黄帝连忙拜受下来。再看那鸟，形状似鹤，鸡头，燕嘴，龟颈，龙形，骈翼，鱼尾，五色俱备。图中之字是"慎德，仁义，仁智"六个字。

冠冕 汉服中冕服里的冠式，也是我国古代最重要的冠式，始于周代，也称"旒冠"，俗称"平天冠"。与冕服、赤舄、佩绶等同时在祭祀等大典时穿用，是帝王、王公、卿大夫在参加祭典等典礼活动时所戴的等级最高的礼冠。

■ 凤凰琉璃摆件

龙凤图腾

龙凤崇拜与舞龙舞狮

■ 凤凰画像砖

甲骨文 又称"契文""甲骨卜辞"或"龟甲兽骨文"，主要指我国商朝后期时，王室用于占卜记事而在龟甲或兽骨上刻的文字。甲骨文是我国已知最早的成体系的文字形式，它上承原始刻绘符号，下启青铜铭文，是汉字发展的关键形态。

黄帝从来不曾见过这种鸟，便去问天老。天老告诉他说，这种鸟雄的叫凤，雌的叫凰。早晨叫是登晨，白天叫是上祥，傍晚鸣叫是归昌，夜里鸣叫是保长。凤凰一出，表明天下安宁，是大祥的征兆。

与《韩诗外传》记载相近的，亦有相传。轩辕黄帝统一了3大部落，72个小部落，建立起世界上第一个有共主的国家。黄帝打算制定一个统一的图腾。在原来各大小部落使用过的图腾基础上，创造了一个新的图腾，这就是龙。

龙的图腾组成后，还剩下一些部落的图腾没有用上，这又如何是好呢？黄帝的妻子嫘祖是一位绝顶聪明的女人，嫘祖受到黄帝制定的新图腾的启示后，她就把剩余下来各部落的图腾，经过精心挑选，也仿照黄帝制定龙的图腾的方法：孔雀头，天鹅身，金鸡翅，金山鸡羽毛，金色雀颜色，组成了一对漂亮华丽的大鸟。

造字的仓颉替这两只大鸟取名叫 "凤" 和 "凰"。凤，代表雄，凰，代表雌，连起来就叫 "凤凰"。这就是 "凤凰" 的来历。

我国文化对凤凰的崇敬从文字演变上也可以看出来。在甲骨文中，"凤" 与 "风" 两字是同一个字，其字形是一只头顶 "辛" 形符号的飞鸟。

我国古代时的东夷族落崇拜鸟，舜帝时期就以鸟为官名。但这个 "鸟" 的实质指的是与雨水有关的风，也就是凤。尽管不一定有风就有雨，但云雨必须依靠风来行走天下，风是输送云雨的自然力量，因此同样会被渴望雨水的古人所崇拜。

由于风没有具体形象，无从刻画其形状，聪明的古人便借用飞鸟的形象来描述风。自然中的 "凤" 与鸟类的 "凤" 有4点相似之处：

其一，鸟善鸣，风也善鸣，风是许多自然界里声音的创造者；其二，风与鸟都是会移动的；其三，有些鸟为候鸟，季节性迁徙，风也有季节性；其四，鸟生活在草木茂盛的地方，突然飞起，转眼消失，风也是来无踪去无影。

所以，甲骨文 "凤" 或

■ 凤凰雕塑

■ 凤凰雕刻

"风"字表示这样一个概念：其一，它供天驱使；其二，它的声音是拂过耳旁的风声；其三，它的形象类似于飞鸟，来去无踪；其四，它的功能是接受天的旨意行云布雨。

风既有柔顺的一面，也有威猛的一面，柔则清凉拂面，怒则飞沙走石、毁屋折树，而凤凰作为百鸟之王，可以象征祥瑞，也是上天旨意的传达者，同样值得敬畏。

由于凤凰是百鸟之王，因此常常也被用来象征女性中的杰出人物。我国唯一的女皇武则天，相传在她出生之后，曾有条乌龙摇头摆尾地向西山飞去；几乎是同时，一只凤凰也伴着彩霞飞来，在东山顶上长鸣一声，然后向北方飞去。这叫龙凤呈祥，是出贵人的好预兆。

四川广元城中的凤凰山上坐落着一座凤凰楼，高42米，楼阁14层，与凤凰山连成一个整体，远看形似一只凤凰回首。到夜间，楼阁上彩灯通明，又恰似一只闪闪发光的金凤凰，被誉为"川北第一楼""川北明楼"。

这座凤凰楼也与女皇武则天有关。据说，624年

都督 我国古代军事长官的官职。最初都督负责主管监督军队，后来发展成为地方军事长官，又发展成为中央军事长官。大都督是一品官，不常置，属加官。加此官者，代表着持有天子威权的黄钺的高级将领。

武则天出生时，有一只凤凰绕房一周，然后向东山飞去。武则天的父亲当时是利州都督，马上将东山更名为凤凰山。

凤凰展翅剪纸

武则天在14岁时被唐太宗选入宫为才人，因此凤凰楼只修了14层，而且凤头回望南方，象征武则天想念家乡。唐高宗继位，武则天执掌朝政42年，因此这座凤凰楼高42米。

凤凰楼的风格既古朴典雅，又富丽华贵。它远眺恰似凤羽，色泽金黄光亮。楼内梯步呈方形，盘旋而上，直至楼顶。楼层分南北错落各半，因此，从楼里下部仰视，凤凰楼则是25层。

从外面看，那自上而下逐渐由北而南翘起的檐角，形成既往北飞、又回首南望的美姿，给人以灵动飘逸的感觉。象征着武则天虽北入唐宫，却又难舍故乡蜀地之意，是造型独特、宏伟壮观的天下名楼。

阅读链接

很久很久以前，在西湖南边的一座山脚下面，住着一个叫秋姑的女孩。有一年大年三十，鹅毛大雪漫天飞舞，北风呼啦啦地吼得怕人。风雪里来了个求乞的老婆婆，在她家宿了一夜。

第二天，老婆婆拿出一块白绫送给秋姑，说："把这块白绫绣起来吧。"秋姑接过来一看，只见那白绫上淡淡在描着一只凤凰。到了晚上，秋姑半夜醒来，见屋子里一片金光，仔细一看，那凤凰从图上下来了。从此，秋姑的生活就好起来了，留下了凤凰送福的传说。

《凤求凰》的美好姻缘

由于凤凰也是雌雄统称，雄为凤，雌为凰，因此也就有了以凤凰来比喻恩爱夫妻的典故。在这些典故之中，最负盛名的就是司马相如为卓文君弹奏的那一曲辞赋《凤求凰》了。

司马相如原是汉景帝的弟弟梁孝王刘武的门客。在梁孝王死后，

■凤凰雕刻

司马相如就回到老家成都，可是家境贫困，无以为生。他一向跟临邛县令王吉很有交情，便到临邛县去做客，受到王吉的礼遇。

■ 凤凰图石雕

王吉告诉司马相如说，临邛当地有位富人，名叫卓王孙，他有个女儿卓文君，生得聪明无比，美貌无双，如今在娘家守寡，与司马相如是天生的一双。司马相如听了，不好意思地摇了摇头。王吉却不以为然，他认为事在人为。

后来，卓王孙听说司马相如是有名的文人，也是县令的好友，就宴请了他，并顺便发了一百多张请帖，邀请了很多县中的官员与有名望的人。于是，司马相如就带上自己从不离身的珍爱之物绿绮去了。

这个绿绮是我国的四大名琴之一，是别人转赠给司马相如的礼物。司马相如原本家境贫寒，徒有四壁，但他的诗赋极有名气。梁王慕名请他作赋，相如写了一篇《如玉赋》相赠。

这篇《如玉赋》词藻瑰丽，气韵非凡，梁王极为高兴，就以自己收藏的绿绮琴回赠。这张绿绮是传世名琴，琴内有铭文曰："桐梓合精"。

司马相如得绿绮后，如获珍宝。他精湛的琴艺配上绿绮绝妙的音色，使绿绮琴名噪一时。后来，绿绮

门客 我国古代贵族的私人军师和谋士，也是贵族地位和财富的象征，起源为春秋时期。门客按其作用不同可以分为若干级，最低级只到温饱的程度，最高级别的门客则食有鱼，出有车。门客主要作为主人的保镖而发挥其作用，必要的时候也可以成为雇主的私人武装。

■ 凤求凰雕塑

古琴 也称瑶琴、玉琴、七弦琴，是我国最古老的弹拨乐器之一。古琴有文字可考的历史有4000余年。古琴造型优美，常见的为伏羲式、仲尼式、连珠式、落霞式、灵机式、蕉叶式、神农式等。古代的名琴有绿绮、焦尾、春雷、冰清、大圣遗音、九霄环佩等。

就成了古琴的别称。

宴会开始，卓王孙带领众宾客向司马相如敬酒，少不了说了许多奉承话。

正在大家喝得高兴的时候，王吉向大家介绍说："相如先生是当今第一名流，不仅文章写得好，而且琴也弹得很好。今天有嘉宾美酒，何不请相如先生弹奏一曲呢？"众人听了，齐声叫好。

司马相如推辞了一番，便弹奏起来。他先弹了一支短曲，后来看到竹帘后面有一个影影绰绰穿白衣服的女子在听琴，知道是卓文君。

原来，卓王孙的女儿卓文君听说司马相如来做客，早就想见识一下这位大才子。她本来就喜爱音乐，听到琴声，就偷偷地躲在帘子后面看。

司马相如施展自己高超的琴技，弹起了一曲《凤求凰》，通过琴声，向卓文君表达了自己爱慕的心情，正像曲中的唱词所言：

有一美人兮，见之不忘。

一日不见兮，思之如狂。

凤飞翱翔兮，四海求凰。

无奈佳人兮，不在东墙。

将琴代语兮，聊写衷肠。

愿言配德兮，携手相将。

何日见许兮，慰我彷徨。

不得于飞兮，使我沦亡。

这一首唱词表达了相如对文君的无限倾慕和热烈追求的性感。白话文的意思是：有位俊秀的女子啊，我见了她的容貌，就此难以忘怀。一日不见她，心中牵念得像是要发狂一般。

我就像那在空中回旋高飞的凤鸟，在天下各处寻觅着凰鸟。可惜那美人啊不在东墙邻近。

我以琴声替代心中情语，姑且描写我内心的情意。何时能允诺婚事，慰藉我往返徘徊，不知如何是好的心情？

希望我的德行可以与你相配，携手同在一起。如果无法与你比翼偕飞，百年好合，这样的伤情结果会令我沦陷于情愁而欲丧亡。

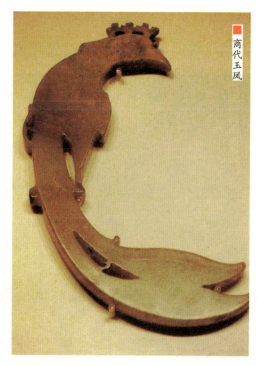

商代玉凤

司马相如接着弹奏吟唱：

凤兮凤兮归故乡，遨游四海求其凰。

时未遇兮无所将，何悟今兮升斯堂！

有艳淑女在闺房，室迩人遐毒我肠。

何缘交颈为鸳鸯，胡颉颃兮共翱翔！

凰兮凰兮从我栖，得托孳尾永为妃。

交情通意心和谐，中夜相从知者谁？

双翼俱起翻高飞，无感我思使余悲。

　　这一首写得更为大胆炽烈，暗约文君半夜幽会，并一起私奔。白话文的意思是：凤鸟啊凤鸟，回到了家乡。行踪无定，游览天下只为寻求心中的凰鸟。未遇凰鸟时啊，不知所往。怎能悟解今日登门后心中所感？

　　有位美丽而娴雅贞静的女子在她的居室。居处虽近，这美丽女子却离我很远。对她的思念之情正残虐着我的心肠。如何能够得此良

双凤麒麟石雕

缘，结为夫妇，做那恩爱的交颈鸳鸯？但愿我这凤鸟，能与你这凰鸟一同双飞，天际游翔。

凰鸟啊凰鸟，愿你与我起居相依，形影不离，哺育生子，永远做我的配偶，情投意合，两心和睦谐顺。半夜里与我互相追随，又有谁会知晓？展开双翼远走高飞，徒然为你感念相思而使我悲伤。

《凤求凰》全诗言浅意深，音节流亮，感情热烈奔放而又深挚缠绵，熔《楚辞》"骚体"的旖旎绵邈和汉代民歌的清新明快于一炉。以"凤求凰"为通体比兴，不仅包含了热烈的求偶，而且也象征着男女主人公理想的非凡，旨趣的高尚，知音的默契等丰富的意蕴。

■ 精美木雕

司马相如的这一曲《凤求凰》弹奏完毕以后，宾客们无不叹为观止，而深懂琴理的卓文君也听出了琴声中的意思，不由得为他的气派、风度和才情所吸引，也产生了敬慕之情。宴毕，司马相如又通过文君的侍婢向她转达心意，通过仆人送给卓文君一封求爱信。

卓文君不愧是一个奇女子，她接到求爱信后激动不已，但她知道父亲不会同意这门亲事，就在一天晚上偷偷地跑出来，投奔了司马相如。两人连夜乘车回到司马相如的家乡成都。

司马相如（前179—前118），西汉大辞赋家，杰出的政治家。他是我国文化史、文学史上杰出的代表。工辞赋，其代表作品为《子虚赋》。作品辞藻富丽，结构宏大，使他成为汉赋的代表作家，后人称之为"赋圣"和"辞宗"。他与卓文君的爱情故事也广为流传。

出土瓷器五彩凤凰牡丹纹器盖

　　俩个人回到成都之后，面对家徒四壁的境地，大大方方地回临邛老家开酒肆，自己当垆卖酒，终于使得要面子的父亲承认了他们的爱情。

　　司马相如和卓文君这一段被人乐此不疲传颂的美好爱情，就成了后世人们追求爱情自由的典型代表。

阅读链接

　　传说在远古时代，百鸟都很敬重美丽的孔雀，奉它做百鸟之王，使孔雀骄傲起来，总是自以为是。

　　有一天，孔雀不小心把自己的羽毛烧着了，吓得到处跑，把火苗带到森林各处，引起大火。森林一起火，小动物赶紧放下正在做的事情都去救火，火很快被扑灭了，但是孔雀全身美丽的羽毛被烧得焦黑，凤鸟也因为救火被烧光了羽毛。为了表彰凤鸟救火的功劳，大家让凤鸟当森林的百鸟之王，并且每只鸟都将自己身上最漂亮的羽毛送给凤鸟，制作新的羽翼，凤鸟比以前更加漂亮了，改名为凤凰。

龙凤呈祥的起源与发展

　　凤和龙虽然都是祥瑞之物，但两者的形象和内涵截然不同。龙令人感到威严而神秘，不可亲近，只可敬畏；凤象征着和美、安宁和幸福，乃至爱情，让人感到温馨、亲近、安全。

　　当龙和凤在一起时，就成了既威严又和美的象征，因此"龙凤呈祥"不仅在古代的皇家装饰上很受欢迎，也是我国最负盛名的传统吉祥

■ 龙凤呈祥浮雕

■ 磁州窑刻凤纹罐

图案之一。关于这个吉祥纹饰的说法，是有来历的。

相传在春秋时代，东周秦国的国君秦穆公有个小女儿，生来爱玉，秦穆公便给她起名叫"弄玉"。弄玉生性自由烂漫，喜欢品笛弄笙，秦穆公疼爱她，便命工匠把西域进贡来的玉雕成笙送给她。自从有了玉笙，公主吹笙的技艺更加精湛。

弄玉长到十几岁时，已经是个姿容无双、聪敏绝伦的女孩了，秦穆公想招邻国的王子为婿，但弄玉不从，坚持对秦穆公说："如果对方不懂音律，不是善奏乐器的高手，我宁可不嫁！"秦穆公疼爱女儿，只好依从公主。

一天夜里，公主倚栏赏月，用玉笙表达自己对爱情的神往。正吹得起劲，一阵袅袅的洞箫声和着公主笙乐响起。一连几夜，笙乐如龙音，箫声如凤鸣，合奏起来简直就是仙乐一般动听，整个秦宫都听得见，以至方圆百里。

秦穆公很好奇，向弄玉打听，公主说也不知道是谁在附和，只知道是从很远的地方传来的。秦穆公马上派出大将孟明寻找吹箫人。孟明一路走一路打听，一直找到华山脚下。

当地有一位樵夫告诉孟明说："我听说华山中峰

秦穆公 嬴姓，名任好。东周春秋时代秦国国君。在位共39年，谥号穆。秦穆公在《史记》中被认定为春秋五霸之一。秦穆公非常重视人才，其任内获得了百里奚、蹇叔、由余、孟明视、西乞术、白乙丙等贤臣良将的辅佐，曾协助晋文公回到晋国夺取君位。

的明星崖隐居着一位少年，名叫箫史，他很会吹箫，箫声不仅动听，还能传到数百里之远呢。"孟明连忙到明星崖找到箫史，将他带回了秦宫。

当时正值中秋，秦穆公见箫史的箫也为美玉所制，非常高兴，便请来公主，两人一见钟情，便合乐起来。一曲不曾奏完，殿内画着的金龙、彩凤却都好像翩翩起舞起来，众人听得入痴，齐赞说："真是仙乐啊！"不久，弄玉和箫史就成婚了。

成婚之后，夫妻俩每日琴瑟和鸣，相敬如宾。箫史教弄玉用箫吹凤鸣，弄玉教箫史用笙吹龙音，学了有十几年后，他们真的把天上的凤引下来了，停在了他们的屋顶上。不久，一条龙也来到了他们的庭院里欣赏音乐。

这时，箫史感叹说："宫中的生活虽然富足，可我更怀念在华山幽静的生活啊！"弄玉笑着回答说："如果你已经厌弃了荣华富贵，我愿与你同去享山野清净！"说完，夫妻二人又合奏起来。

片刻之后，龙飞凤舞，天上祥云翻腾。弄玉乘上彩凤，箫史跨上金龙，一时间龙凤双飞，双双升空，龙凤呈祥而去！

笛 我国最具特色也是最古老的吹奏乐器之一。笛由一根竹管做成，里面掏空，外呈圆柱形，在管身上开有几个吹孔，靠吹气时操作吹孔而奏响。笛的音色清新又圆润，浑厚而柔和，共分为曲笛、梆笛、定调笛、玉屏笛、短笛和低音笛这几类。

■ 凤凰石刻

后来，人们为了纪念弄玉和箫史的动人爱情故事，就用"龙凤呈祥"来形容夫妻间比翼双飞、恩爱相随、相濡以沫、百年好合的忠贞爱情。

龙凤呈祥也是一种典型的瓷器装饰纹样，描绘了龙与凤相对飞舞的画面。龙为鳞虫之长，凤为百鸟之王，都是祥瑞之物。龙凤相配便呈吉祥，习称"龙凤呈祥纹"。同时，龙纹和凤纹分别作为吉祥图案发展了很长时间。

■ 凤凰台

瓷器 我国是瓷器的故乡，瓷器的发明是中华民族对世界文明的伟大贡献。大约在公元前16世纪的商代中期，我国就出现了早期的瓷器。因为其无论在胎体上，还是在釉层的烧制工艺上都尚显粗糙，烧制温度也较低，表现出原始性和过渡性，所以一般称其为"原始瓷"。

最早的龙纹见于红山文化中的玉器，并有多处发现，但最有代表性的是内蒙古翁牛特旗三星他拉出土的玉龙。该玉龙长26厘米，身体卷屈，长吻前伸，有对称的鼻孔，所以有人认为龙头是由猪形演变来的，从而与原始农业生活有密切关联。

最早的凤纹还是鸟纹，多见于牙骨器的雕刻上。有一件鸟形匕，用象牙制成的，条形的牙匕上，刻着小身大尾的鸟，柄端成鸟首，鸟身和翅膀刻出羽毛状，背面有小孔，可以穿绳悬挂。

还有个被称为双凤朝阳的牙雕碟形器，表现一对相向的双鸟，勾喙，圆眼，抬首向往；中间饰以五环同心圆，上有火焰状纹饰，如太阳光芒。也有人认为不是太阳而是鸟卵，或称为双凤朝卵，寓意生育崇拜的含义。

原始时代的凤纹文物还有个双鸟纹骨匕，用兽肋骨刻成。柄部有两组鸟首纹样，每组以一圆居中，分别可出两个反向的鸟首勾喙大眼，头颈外伸，有仪有爪，形成连体，又称连体双鸟纹。

到了夏商，龙已经是中华民族的象征，留下了珍贵的古代工艺文化和民俗文化的史迹。在商周以及战国青铜器的纹样中，有不少交叠缠绕的小龙，以这些特征命名的为蟠螭纹、蟠虺纹等。

大体上在宋代以前，龙多与虎结合作为龙纹，有威武之意。宋代以后多表示天子、权力；在民间，则表示吉祥、喜庆、勇猛、神威等。在商代青铜器纹样中，龙纹并不十分显要，但有多种变化，如卷龙纹、双龙纹作为主要传承纹样。

凤纹是在商代后期出现的，比鸟纹更加华美，头上有冠，有的是长冠，垂直于颈部甚至是背部；有的是花冠，成花朵状；有的是多齿冠；呈羽毛状。卷曲的羽尾有的显出孔雀翎羽，有的已和体干分开。作为主要传承纹样。

■ 凤鸟纹

■ 铜珐琅龙凤纹盘

玄武 是一种由龟和蛇组合成的灵物。玄武的本意就是玄冥，"武""冥"古音是相通的。玄，是黑的意思；冥，就是阴的意思。玄冥起初是对龟卜的形容：龟背是黑色的，龟卜就是请龟到冥间去诣问祖先，将答案带回来，以卜兆的形式显给世人们。因此说，最早的玄武就是乌龟。

到了西周时期，凤纹已经是当时的流行纹样之一了。周代凤纹动态作回首卷尾状。西周穆王时的凤纹，头上冠羽飘动，身后羽尾飞舞，颈上，头上冠羽飘动，身后羽尾飞舞，颈上有垂鳞状羽片，腹前有漩涡状的翼纹，十分优美，应是此时期的代表作。

凤纹作为青铜器的装饰，在周代极为盛行。周代的纹样，也大量采用凤纹。这主要是因为商代尚迷信，以祭祀天和神为主要目的，而兽面纹能充分体现祭祀活动的威仪。

作为祥瑞的凤鸟，自然占据兽纹的主要地位。周代倡导礼治，宣扬社会的秩序和美好，作为"见天下大安宁"的凤鸟，更能充分表现这种社会观念。所以，周代昭、穆时期凤纹大量流行，以至于有学者将那段时期称为"凤纹时代"。

在传统纹样中，除了保守的北方燕国地区将饕餮纹作为主要纹饰之外，其余各国都在应用龙纹。此时的龙纹多做交缠穿插状，仍为蛇形长体，有交龙纹、多头龙纹等，有鸣叫状、飞舞状。

当时的饕餮纹简化，向汉代的俯首纹过渡，而龙纹和凤纹，已是汉代四神纹中青龙和朱雀的雏形，向定型化转变。

汉代的龙纹多为单体，四肢劲健，体为游龙形，作行走状。头扬，有的身有翼。常作为四神之一，与白虎、朱雀、玄武配位系列图案。

汉代的凤纹也是单体，或仁立，头有高冠，孔雀尾；或做飞舞状，展翅扬足，称为舞凤。一般为四神之一，称为朱雀，凤鸟口中多衔珠。

到了魏晋南北朝时期，龙凤纹大体仍传承汉代纹样的特点，变化较少。龙纹和凤纹多是作为四神系列图案单独应用，为青龙、白虎、朱雀、玄武。

受外来文化影响，当时的凤纹的羽尾夸大如鳞片状。又受佛教影响，凤常常立于莲花之上。这一时期的工艺文化，具有浓厚的宗教氛围。

隋唐时期是我国历史上国势强盛，经济繁荣，文化发达的时代，也是我国历史上的一个转折时期。龙纹至隋唐时代已完全成熟，可以分为两类：一类出现于墓室石刻、碑石之上，其身份以通天神兽为主；另一类广泛出现于实用器皿、建筑构件之上，其身份以吉祥瑞兽为主。

龙纹这两种基本含义本来就是紧密关联、难以截然分开的，但至隋唐以来，龙纹含义的重心明显偏向于后者。唐代的墓室壁画十分发达，但其主

■ 青花暗花双凤穿花纹盘

五彩双凤纹炉

十二生肖 也叫属相，是我国传统文化之一。生肖的周期为12年。每一人在其出生年都有一种动物作为生肖。十二生肖即鼠、牛、虎、兔、龙、蛇、马、羊、猴、鸡、狗、猪，是我国民间计算年龄的方法，也是一种古老的纪年法。

要内容均以墓主人生前生活为题材，龙纹多以龙虎相辅、四灵、十二生肖俑及天象的组成部分出现，像墓主人乘龙升天的传统画面则不再盛行。

与此相反，在隋唐的实用器皿上，龙纹出现极为普遍，并多与蔓草、花卉及各种动物组合出现。这说明龙纹在当时基本已成为人们喜闻乐见的吉祥图案，和人们的生活紧密联系在一起。

隋代龙纹可以河北赵县安济桥栏板上的石雕龙纹为代表。著名的赵州石拱桥建于隋大业年间，由当时的名匠李春设计建造，也是我国第一座石构坦弧敞肩拱桥。

赵州桥的望柱、仰天石、栏板上皆有雕刻，其中以龙纹最为精美，共有奔龙、对龙、交颈龙、穿石龙等多种形式，其中奔龙为单龙飞驰图案，龙巨首吐舌，体躯舒展，姿态奔放雄健，颇具六朝遗风。

对曲身飞腾的双龙，分持火珠与宝相花抬爪相对，图案有佛教艺术色彩与吉祥含义；交颈龙为一对行龙两颈相交，皆口吐莲花，十分精美；而最有特色的是穿石龙图案，图中双龙巨首硕角，躯体若兽，龙的首、尾两端从石中探出，龙身中断隐没石中。

龙纹的工匠既表现了龙穿岩引水、变化莫测的神通，又弥补了栏板短小无法表现龙之长躯的缺憾，处理手法轻灵巧妙，具有强烈的审美情趣，而这正是隋唐龙纹所具有的时代风格。

隋代日用器皿上的龙纹以龙柄瓷壶最具特色。以龙为造型的器鎏早在东周时代就已经出现，而六朝匠人巧妙地将这个传统的艺术手法运用于陶瓷艺术，到了隋代，以龙为柄的陶瓷工艺日趋成熟。

1957年陕西李静训墓曾出土一个白瓷双龙双联瓶，瓶为双体，似浑圆的龙躯；双柄自瓶体伸出而为龙颈，龙颈直竖突出表现龙的渴态；双柄上端为一对龙首，探入瓶口，吸引瓶中之水。双龙造型质朴洗练、憨态可掬，令人忍俊不禁。

凤首、龙柄是隋代瓷壶的常见造型，如与上壶同出一墓的白瓷龙柄凤首壶，壶高27.4厘米，一侧为形态若鸡的凤首，另一侧为首入瓶口的龙形柄。最为精美的隋代龙凤纹壶当数河南汲县出土的青瓷凤头龙柄壶。

这个文物的壶盖是戴冠凤首造型，器柄为一完整的四足之龙，龙下足立于瓶底，一对上足支撑于瓶身，龙首探入瓶口，造型极其生动。壶身布满中亚风格的图案纹饰，与我国传统的龙凤纹相映成趣。

龙凤合璧都是我国传统中具有阴阳相辅含义的吉祥纹像，隋代则迅速向世俗化、审

■ 凤穿花双联瓶

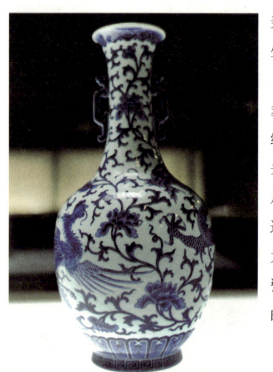

■ 龙凤纹双螭耳瓶

美化发展，充满了清新活泼的生机。

唐代时，龙凤纹的种类又多出了云龙纹、鱼龙纹。云龙纹的龙，龙体中间仍很粗大，头小尾细，四肢突出，多位三爪尾从后肢穿出。一般作圆形适合纹样，并以朵云纹填饰作为陪衬。唐代云纹多运用于陶瓷、玉雕和铜镜上，以铜镜上的云龙最为精彩。

鱼龙纹则是指龙首鱼身的一种变形纹样，因为它基本仍属鱼形，因此以龙鱼称之。在我国古代传说中，龙和鱼常有相连的关系，鱼化龙或鲤鱼跳龙门就是这类传闻的记述。

唐代的凤纹，多为展翅舞蹈状，因此称为舞凤纹。在此之前直到唐代，凤纹大多是表现朱雀或站立或展翅，头顶花羽，昂首挺胸，动态各异，长长的花冠，卷曲的鱼尾形态十分优美，常与龙陪衬使用。

宋代龙纹其形象发生了巨大变化，即由汉唐以来的走兽形，粗体细尾，四足如兽状，转而恢复到汉以前的蟒蛇形，身体修长，四足粗短，可以盘足起状。

宋代绘画中的云龙图，定窑、磁州窑的龙纹以及缂丝百花攒龙纹，大体都呈蛇蟒状。龙纹多单独应用，或与云水相结合。

宋代的凤纹已作飞翔状，不似汉唐时期的伫立姿态。双翅伸展，鱼尾飘动，或作羽毛状，或作卷草状，但已不若当代的华丽。此时的凤纹多与鸾相配，雄凤雌鸾；或为凤凰，雄凤雌凰。

元代的龙纹基本和宋代相似，龙足的肘弯处一般饰有三条带纹，以加强其动感，并用以填饰装饰面的空间。有行龙，如元瓷上所饰的龙纹，动态优美，生动劲健；有团龙。

在龙纹组合上，除宋代所见云纹和水纹外，龙与凤结合是此时期的特点。自原始至唐宋，装饰上纹样，多与虎纹相结合。自元代起龙与凤开始成对，寓意帝室，在建筑彩画石雕上多以龙凤相配作为宫殿装饰纹样。

元代的凤纹应用很广，陶瓷、银器、铜镜、石刻等均常见，而以陶瓷的凤纹最为突出。形式多样或单只或成双，作飞翔状，双翅伸展，羽尾飘动，显示其矫健生动的艺术特色。

龙纹发展到明代，其艺术形象已经定型化，即"行中弓，坐如升，降如闪电，升腘脑"。

明代的龙纹嘴较长，多为闭合状，头上的毛向前飘伸，显示其力量。明代时也出现了正面龙，一般表现为坐龙、团龙，龙的爪呈轮

朱雀 因为它有从火里重生的特性，也叫火凤凰，我国古代传说中的四大神兽之一，是一种代表幸福的灵物，又有说是由佛教的大鹏金翅鸟变化而成的。根据五行学说，它是代表南方的神兽，代表的颜色是红色，代表的季节是夏季。

■ 龙凤纹玉璧

■ 清代景泰蓝龙凤
纹花瓶

漆器 我国古代在
化学工艺及工艺
美术方面的重要
发明。在中国，
从新石器时代起
就认识了漆的性
能并用以制器。
历经商周直至明
清，我国的漆器
工艺不断发展，
达到了相当高的
水平。中国的戗
金、描金等工艺
品，对世界各地
都有深远影响。

状，组成圆形，称为轮爪，这是
宫廷器物服饰所用的龙。

明代的民间也流行用龙，但
其含义和皇家不同，往往是表示
威武、力量和作为求雨的工具。
在装饰上，也多用龙纹，反映在
刺绣、印染、木雕、漆器等工艺
上，只是形象简朴，而且不能用
五爪龙。

明代的凤纹多作飞翔状，头
大，细颈，展翅，羽尾飘动，
形式优美。在工艺美术中，凤
纹多用于陶瓷、染织、金银器、
石刻、木器、漆器中。此外，也做成凤冠、凤钗等器
物，为妇女的高贵饰品。

清代的龙凤纹，基本上继承了明代的格式，但应
用极广泛，在陶瓷、染织、刺绣、漆器、金工、雕
刻、彩画、剪纸等各类装饰中，均大量采用。有龙凤
合用，也有龙凤单独用。凤有如意高冠、三尾羽、五
尾羽或多羽。

清代的龙纹已完全程式化，并赋予了吉祥意义。
龙的装饰形式有多种多样，有行龙、坐龙、升龙、团
龙、蟠龙等；有对龙和子孙龙，有草龙，有拐子龙。

清代的凤纹，其形象大体与明代相似，只是装饰
更为华美，并组合为吉祥意义。凤纹与牡丹组合，称
为凤穿牡丹，寓意幸福美好；凤纹与百鸟组合，称为

百鸟朝凤，是广绣中常见的装饰题材。

明清以来的龙纹和凤纹，不同阶层有不同的含义。封建统治阶级以龙代表皇帝，以凤表示皇后，作为身份的象征等。在民间，龙凤则另有意义。人们以龙象征威武力量，以凤代表美好。

龙纹的历史十分悠久，其形象的演变，大体经历了这样几个阶段：

第一阶段自河南濮阳蚌饰龙开始，到商周青铜器上的龙纹，多与水器铜盘相联系，春秋战国时期的龙，多作蟠绕状；

第二阶段是汉魏六朝时期，龙作走兽状，与白虎、朱雀、玄武相结合，成为系列图案，代表方位其含义与阴阳五行结合；

第三阶段是隋唐两宋时期，龙从走兽形象过渡到蟠行形象；

第四阶段是在元明清时期，身躯渐长，脱离兽身成为蛇体的龙，多于凤相配用，代表阴阳，或为统治者所用，代表帝王和皇后，以体现王权。

阅读链接

传说有一天，凤凰突然现身让所有的飞禽走兽瞻仰它的风采。只见凤凰的五彩羽毛，在日光下金碧辉煌，它仪态万方，风姿绰约，所有的飞禽走兽见了它，都觉得自己在它的面前不好意思抬起头来，都垂下了眼睛。过了好长一段时间，善良的鸟兽叹息着对凤凰说："你虽然是那么的神奇，那么漂亮，又是那么文雅，可是有谁能配得上做你的爱人和朋友呢？"

凤凰听了这些鸟兽的话，默然无语。过了一会儿，它便忽然从梧桐树上飞起，很快消失在天上的遥远白云之中。从那以后，众鸟兽们再也没有见到它出现过。

龙和凤的互补和对应

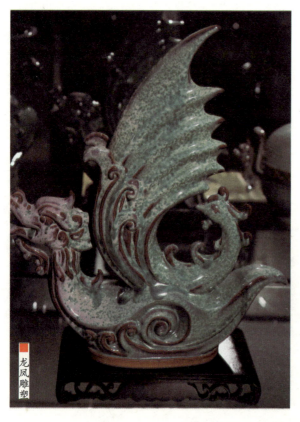

龙凤雕塑

龙和凤，一个是众兽之君，一个是百鸟之王；一个变化飞腾而灵异，一个高雅美善而祥瑞，两者之间神性的互补和对应，以至美好的互助合作关系的建立，便"龙飞凤舞""龙凤呈祥"了。

在中国传统的吉祥图案中，龙凤是很好看的一种。画面上，龙、凤各居一半。龙是升龙，张口旋身，回首望凤；凤是翔凤，展翅翘尾，举目眺龙。周围瑞云朵朵，一派祥和之气。

凤取材对象主要是鸟禽，而鸟禽绝大多数都是喜欢温暖，喜爱阳光，因此，凤凰又称"太阳鸟""火精"，所谓"丹凤朝阳""凤鸣朝阳""火凤凰"。

龙的取材对象多为"水物""水兽"和"水象"，从而在其形成的初期，基本上是属"阴"的。龙和凤的配合、结合、对应，反映着古人的阴阳观。

■ 雕漆剔红龙凤盘

出土的商代和战国时期的玉饰、玉佩，有的龙衔凤，有的凤驮龙，有的龙在凤下，有的龙凤同体，说明当时人们已认识到：阴阳是不同的、相对的，又是相关的，谁也离不开谁的。

有这样一个故事成为龙与凤关系的美谈。孔子曾向老子问礼，归来后感叹老子是龙。

《史记·老子韩非列传》记载孔子对自己的学生们说起老子的话："我知道鸟是那种能飞的动物，鱼是能游的动物，会行走的动物可以捕捉到，会游动的动物可以用网捕捞，会飞的动物可以用弓箭捕捉。但是像龙那种能乘着风云飞上天的动物，我就不了解了。老子给我的感觉，就是一条高深莫测、难以企及的游龙啊！"

玉佩 我国古代时期贵族的装饰品之一。玉在我国的文明史上有着特殊的地位，古人的很多生活器具都是玉雕成的，而众多玉器之中，能常戴在身上的唯有玉佩。玉佩在我国古代是身份、地位以及个人修养的体现。

■ 凤凰浮雕

道家学派经典著作《庄子·外篇·天运》也记载这件事说：当年，孔子曾专程赴洛邑拜见老子，相互交流，互取其思想之道。但当孔子归来后，却闭口不谈与老子的见面，整整3天没有说话。

孔子的弟子们很奇怪，问他："您跟老子谈了些什么呢？为何归来后久久不语呢？"

孔子感叹说："我竟然见到了龙！它合而成体，散而成章，乘云气而翔乎阴阳，我这个凡人在那条龙面前，口张而不能合，舌举而不能讯，又哪有资格规谏人家呢！"

孔子两次用对比的手法说出了老子不是天上的飞禽、地上的走兽、河里的游鱼，而是来往宇宙天地之间的龙，说明孔子认为老子及其学说对世事人间发展变化料事如神，揭示宇宙天地发展规律犹如神明。

另一则故事是《庄子》上面记载的：老子见孔子带着五位弟子在前面走，就问道："前边都是谁？"孔子回答说："我这五个弟子，子路勇敢、力气大，子贡有智谋，曾子孝顺父母，颜回注重仁义，子张有武功。"

老子听后感叹说："我听说南方有鸟，其名为凤，它的首、翼、背、腹和膺分别有德、顺、义、

子贡（前520—前446），本名端木赐，是孔子的得意门生，也是"孔门十哲"之一，以言语闻名。子贡利口巧辞，善于雄辩，且有干济才，办事通达。曾任鲁、卫两国之相。他还善于经商之道，曾经经商于曹国、鲁国两国之间，富致千金，为孔子弟子中首富。

信、仁这几个字，就和你一样啊！"这是老子将孔子比为凤。

孔子用龙比老子，是取了龙升天潜渊、灵异善变的神性，来比老子的静动自如的神采和纵横天地不拘一格的思辨才能。

老子用凤比孔子，则是取了凤的亲德嘉仁的神性，来比孔子的智善和悦的品性，及仁爱为本、律己惠人的圣德。这大概是文献中最早的有关龙凤配合、对应的记载了。

大约从秦汉时期，龙和凤的关系有了变化，有很多出土的文物都表现了对应、结合这种文化。如秦代的"镏金龙凤纹银盘"、汉代的"四神纹"瓦当、陕北榆林出土的汉墓石门上的龙凤纹、北魏仙人乘龙跨凤的石刻墓志边缘装饰画、隋代的青瓷凤头龙柄壶、唐代的龙凤纹铜镜，等等。这样的对应与结合，一直延续到当代。

另外，龙身上开始有了象征君主帝王的神性。君主帝王们都说自己是真龙天子，如秦始皇称"祖龙"；汉高祖是其母感蛟龙而生，而且生得"隆准而龙颜"；王莽要"当仙成龙"；汉光武帝"梦赤龙"等。

既然帝王们称龙比龙，作为对应，帝后妃嫔们就开始称凤比凤

颜回（前521—前481），字子渊，春秋时期鲁国人。颜回14岁即拜孔子为师，此后终生师事之。在孔门诸弟子中，孔子对颜回称赞最多。历代文人学士对颜回也无不推尊有加，自汉高帝以颜回配享孔子、祀以太牢，三国魏正始年间将此举定为制度以来，历代君王无不尊奉颜子。

125

百鸟之王

凤凰传说

凤凰塑像

了。帝王要穿"龙衮"，帝后便戴"凤冠"；帝王住"龙邸"，帝后便居"凤楼"；帝王有"龙火衣"，帝后便有"凤头鞋"，等等。

这样一对应，凤便有了一个大变化，即由"阳"转"阴"。因为，帝王们绝大多数都是男的，手中又掌握着至高无上、威力无边的权力，加上龙呼风唤雨的威力、飞举变化的能量，正和属"阳"的男性相吻合。

凤由于其外表美丽，更和喜好打扮得花枝招展的属"阴"的女性相接近。因此，虽然凤本是凤凰的简称，虽然凤凰是分雌雄的，才有所谓"凤求凰"。但在和作为帝王的龙对应之后，就雌雄不分，整个地雌性化了。

龙与凤配合、对应的情形，不仅出现在帝王左右，也广泛地流行于民众之间，反映在不同地域、不同民族的习俗之中。其寓意，多是阴阳合谐，婚恋美满，求吉祈福。

总之，没有凤，龙就是孤单的龙；没有龙，凤就是凄清的凤。龙因力而生，凤因美而活。龙的力为凤的美提供着支撑和归宿，凤的美为龙的力提供了目标，增添着特别迷人的魅力。

阅读链接

传说在太阳升起的地方，有一座山叫太阳山。山上有很多的奇珍异宝，山下住着一只金凤凰，每当善良的人走投无路的时候，它都会出现，帮助那些可怜的人。

可是这只是传说，谁也没有见过这只金凤凰。而且太阳出来的时候，山上的温度很高，谁也没有去过那座山，谁也没有见过奇珍异宝，每个人都会梦想有一天去太阳山，取回珠宝，从此过上衣食无忧的生活。

舞狮文化

　　舞狮，又称狮子舞、狮灯、舞狮子，是中华民族优秀的民族传统艺术之一，我国壮族、苗族、满族等民族受汉族文化影响也有类似的舞蹈。狮舞是一种古老的汉族民间舞蹈，已有1500多年的历史。

　　狮子在我国人心目中为瑞兽，象征着吉祥如意，从而在舞狮活动中寄托着民众消灾除害、求吉纳福的美好意愿。故此每逢喜庆节日，如新张庆典、迎春赛会等，都喜欢敲锣打鼓，舞狮助庆。

　　舞狮还代表欢乐，代表幸福，代表人们心中的祝福，是生活美好的象征。

狮舞起源与发展演变

相传，那是在远古时候，广东南海郡佛山镇忠义乡出现了一种奇兽，身长八尺，头大身小，眼若铜铃，青面獠牙，头生一独角。

这头奇兽总是在除夕晚上出现，来去如风，专门破坏民间农作物，人们不胜其烦。因为它每逢过年时就出现，所以人们就称之为"年兽"，大家便商议怎样消灭年兽的问题。

有智者告诉大家，用竹篾与纸，扎成奇兽的形状，涂上颜色，并以各种形状的布，如方形、三角形织成兽身，再聚集精壮男子数十人，持锅、乐器等打得响的器具，并由一人手持菜刀立于一圆砧

■舞狮表演

■ 舞狮表演

旁，在年兽出现时就进行敲打。

于是，大家埋伏在一桥下，此处为年兽必经之地。当年兽出现时，众人一涌而出，击打乐器发出"锵锵"及"咚咚"之声，如雷贯耳。年兽惊吓，落荒而逃，从此销声匿迹，不再出现了。

为了庆祝驱赶年兽成功及纪念纸扎兽头的功劳，人们便于春节将它拿出来舞动，逐渐便形成了一种习俗，在很多地方流传下来。

后来，在我国有的地方又出现了关于狮子的传说，但人们并没有见过真正的狮子，只知道狮子是兽中之王。人们想狮子既然是兽中之王，就应该非常勇猛，不仅能够驱赶年兽，还能够驱赶一切妖魔鬼怪。

于是，有人建议把驱赶年兽的习俗改为舞狮。从此，驱赶年兽的习俗被赋予了新意，那就是不仅为了驱赶年兽，还驱赶瘟神和一切妖邪。狮子也就成为了

除夕 我国传统节日中最重大的节日之一。指农历一年最后一天的晚上，即春节前一天晚，因常在夏历腊月三十，又称该日为年三十。一年的最后一天叫"岁除"，那天晚上叫"除夕"。除夕人们往往通宵不眠，叫守岁。"除夕习俗有贴门神、贴春联、贴年画、挂门笺等。

勇猛的代表，吉祥的象征，人们最先把舞狮习俗叫作"舞圣头"。

人们为什么把驱赶年兽改为舞狮呢？其实，我国历史上并没有狮子，古代世界上只有非洲、西亚和南美产有狮子。南美与我国远隔重洋，古代交通无法交往，而非洲要进入我国必须经过西亚，且海上交通又较晚，因此狮子传入我国最有可能的通道只有西亚。

■ 二人舞狮

《穆天子传》
又名《周王游行》，作者不详，约成书于战国时期，是记载周穆王巡游之事的著作。西晋时出土，经当时人整理分为5卷。本书在文字上有些夸张，有些神话传说的内容杂入，但基本事实是应该肯定的。对我国地理学的发展有较大影响，在地理学史上有一席之地，不能抹杀。

我国西周时期，古代典籍《穆天子传》里面有西周第五个君主周穆王架八骏西游的故事，有句话说："狻猊野马，走五百里。"后来的东晋著名训诂学家郭璞在注释时指出："狻猊，师子。"这里的"师子"就是狮子。

周穆王是个喜欢畅游天下的君主，《穆天子传》里说周穆王向西到昆仑山会见西王母，并在吉日甲子送很多礼物给西王母。西王母第二天在瑶池为他举行宴会，并举行了歌舞。事后，周穆王西行翻越帕米尔高原，抵达了后来的吉尔吉斯大草原等地。他西行很远，见到过"狻猊"这种动物。

我国汉初古籍《尔雅·释兽》中已有"狻麑如猫，食虎豹"的记载。因此，狮子传入我国早于汉朝。这里的"狻麑"就是狻猊。

我国新疆博物馆有一个狮型金牌饰，为我国所知最早的狮型艺术品，据考古断代为战国时期文物。此物长20厘米，由乌鲁木齐南山矿区阿拉沟古木椁墓出土，金箔打压制成，呈浅浮雕状。狮张口睁目竖耳，双前足上举作扑食状，鬃毛卷曲，细腰，后部反转上卷，尾与鬃相连。身饰弧线条文和圆涡纹，整体作奔跃咬噬状。此文物的发现，足可说明战国时期狮子形状的艺术品就传到我国新疆地区了。

从那时起，我国关于狮子的纪录就越来越多了，知道狮子的人也越来越多了。但人们还是没有见过真正的狮子，认为狮子简直就是神兽，都充满了敬畏之心。

人们除了在新年期间舞狮，也在庆典上表演，以增加热闹气氛。在舞狮时候，还配以锣鼓等乐器，并

■ 舞狮表演

■ 高难度的舞狮表演

丝绸之路 指起始于我国古代集政治、经济、文化中心长安，连接亚洲、非洲和欧洲的古代路上商业贸易的路线。丝绸之路是一条东方与西方之间在经济、政治、文化等方面进行交流的主要道路，它的最初作用是运输我国古代出产的丝绸。

伴随一定节奏。后来，逐渐发展成在迎神赛会上也舞狮，用作参神拜户，其意思是镇宅旺宅，使鬼神降伏，环境安宁，五谷丰收。

公元前138年，汉武帝派遣张骞出使西域，开辟了沟通中亚、西亚的"丝绸之路"。据司马迁《史记》记载，我国古代就有扮兽作戏演出的方式。汉武帝通西域，与各国结邦，当招待各国特使来访时，就以歌舞侍候，演员戴面具，扮鸟兽，载歌载舞，以示欢迎。然而，各国嘉宾观看扮兽，独缺狮子，原因是当时我国未发现狮子兽类。

在西汉末期的32年，著名史学家班固编撰的纪传体断代史《汉书·西域传》记载：真狮子从西亚通过"丝绸之路"来到我国。同时，驯狮舞蹈这种西亚古老杂技节目便传到华夏，带领真狮表演者，当时称为"驯狮郎"，也一并随着前来。

西汉时期，西域大月氏国向汉王朝进贡了一头金毛雄狮子，使者扬言朝野若有人能驯服此狮，便继续向汉朝进贡。

大月氏使者走后，汉朝廷先后选了3人驯狮，均未成功。后来金毛雄狮狂性发作，被宫人们乱棒打死。宫人为了逃避皇帝降罪，于是将狮皮拔下，由宫人兄弟俩装扮成金毛狮子，两人逗引起舞。此举不但骗过了大月氏使臣，连皇帝也信以为真。

此事后来传出汉宫，老百姓认为舞狮子是为国争光和吉祥的象征。于是就仿造狮子，表演狮子舞，舞狮从此在民间流行开来。过年驱赶年兽的习俗也逐渐演变成了舞狮子。

由于当时交通并不发达，运到我国的真狮寥寥无几，此种惊险刺激的驯狮舞蹈，只能局限于皇宫内苑举行，平民百姓无缘观看。于是，民间艺术家便根据书籍及传闻记载，运用其艺术构思，进行塑造与装饰，制成假狮子，突出狮子宽阔前额，撅起鼻子和张开大口的外形，给人一种既勇猛又温顺，既威武又充满活力的感觉。

到了东汉时期，西域向我国进贡狮子的记录就越来越多了。如汉章帝刘炟章和元年间的87年，就有记载说：

> 是岁西域长史班超击莎车大破之。月氏国遣使献扶拨狮子。

本来，我国古代百兽之王是老虎，老虎以威猛无敌而称霸山林，在狮子传入之前，它威风凛凛，统辖着百兽，人们对虎的膜拜几乎登峰造极。但人们知道狮

汉章帝（57—88），汉明帝刘庄第五子，母贾贵人，东汉第三位皇帝。汉明帝在位期间，励精图治，注重农桑，兴修水利，减轻徭役，衣食朴素，实行"与民休息"，并且"好儒术"，使得东汉经济、文化在此时得到很大的发展。

133

■ 舞狮子

■ 春节庙会舞狮表演

子后，就认为狮子比老虎还厉害。

汉代学者解释《尔雅·释兽》是称"狻麑……食虎豹"，明确认为狮子凶猛过虎豹，虎豹都是狮子的食物。在后来的一些史料中，也记载了狮子猛于虎豹的事例。

如北魏人杨衒之所撰的一部集历史、地理、佛教、文学于一身的笔记《洛阳伽蓝记》中记载：

庄帝谓侍中李彧曰："朕闻虎见狮必伏，可觅试之。"于是，诏近山郡县捕虎以送。巩县、山阳并送二虎一豹。帝在华林园观之。于是，虎豹见狮子悉皆瞑目不敢仰视。园中素有一盲熊，性甚驯。帝令取试之。虞人牵盲熊至，闻狮子气，惊怖跳，踉

匈奴 指的是秦汉时称雄中原以北的强大游牧民族，公元前215年被逐出黄河河套地区，历经东汉时分裂，南匈奴进入中原内附，北匈奴从漠北西迁，中间经历了约300年。匈奴在当时影响了我国政局，《史记》《汉书》等留有记载。

曳锁而走，帝大笑。

外来猛兽狮子取代我国百兽之王老虎的地位，被人们认为是称雄天下的百兽之王，人们就开始崇拜狮子，舞狮也就盛行起来了。

舞狮作为表演艺术，有一种说法大概成形于北魏时期。在当时，北部匈奴侵扰作乱，他们特制木雕石头器具，用金丝麻缝成狮身，派善舞者到魏进贡，意图在舞狮时行刺魏帝，幸被人识破，使他们知难而退。后因魏帝喜爱舞狮，就命令仿制，舞狮得以流传后世。

也有人认为，最早有关舞狮的记载出现于三国时期的魏国。在北魏时，人们于佛祖降生之日，将佛像从庙堂请出游街，让人瞻仰，以示敬意。就在游行队

135

驱邪降魔

舞狮文化

■ 舞狮表演

■ 舞狮表演

伍前面，排列了戴面具、穿兽皮者，装成狮子模样，边行边开路，此举也具有镇邪驱魔作用。

舞狮在南北朝时随佛教而盛行，在南北朝之后，其他鸟兽舞逐渐被淘汰，只有舞狮一直流行下来。从晋到隋，舞狮活动逐步推广。

到了唐代，西域各国向我国进贡的狮子就越来越多了。据史书《新唐书》《旧唐书》记载，康国、吐火罗、波斯等国都曾向唐王朝进贡过狮子，皇家禁苑中也豢养过狮子。唐代众帝王陵前的石雕狮子栩栩如生，与工匠能见到真狮子是分不开的。

有文字记载说，唐高祖李渊登基后，为接待宾客而设计的活动，其中有"五方狮舞"的表演，被认为是后来真正舞狮的雏形。

唐太宗李世民的贞观年间，西域进贡狮子，唐太宗曾命秘书监虞世南作《狮子赋》、宫廷画师阎立本绘《狮子图》。因此，唐贞观年间已出现了由名家创作的文学作品《狮赋》和图画作品《狮子图》了。这说明狮文化到唐代已走向了艺术的巅峰。

在唐代，舞狮子已发展为上百人集体表演的大型歌舞，还作为燕乐舞蹈在宫廷表演。著名诗人白居易在《西凉伎》诗中，对舞狮有生动描绘：

西凉伎，西凉伎，假面胡人假狮子。

刻木为头丝作尾，金镀眼睛银帖齿。

奋迅毛衣摆双耳，如从流沙来万里。

诗中描述的就是当时的舞狮情景。在唐代以后，舞狮子在民间就广为流传了。

据传，446年5月，南朝宋交州刺史檀和之奉命讨伐林邑国，林邑王范阳使用了象军参战。这支象军由于士兵持着长矛骑在又高又大的象背上，所以使仅仅拥有短兵器的宋军连接近它都很困难，宋军士兵在作战时吃了大亏。

后来，宋军先锋官振武将军宗悫想了个办法。他说，百兽都害怕狮子，大象也不会例外。于是，他派人连夜用面、麻等做成了许多假狮子，涂上

驱邪降魔

舞狮文化

刺史 我国古代官职之一。汉初，文帝以御史多失职，命丞相另派人员出刺各地，不常置。刺史要负责巡行郡县，分全国为13部，各置部刺史一人，后通称刺史。刺史制度在西汉中后期得到进一步发展，对维护皇权，澄清吏治，促使昭宣中兴局面的形成起着积极的作用。

■ 舞狮表演

■ 舞狮表演

五颜六色，又特别张大了嘴巴。每一个"狮子"由两个士兵披架着，隐伏在草丛中。

宗悫还命士兵在预定的战场周围，挖了不少又深又大的陷阱。敌方驱象军来攻，宗悫就放出假狮子，这种"雄狮"一个个翻动着斗大的血口，张牙舞爪直奔大象。

大象吓得掉头乱窜，宗悫又乘机指挥士兵万弩齐放，受惊的大象顿时没命地向四处奔跑，不少跌到陷阱里，人和象都被活捉了。从此，舞狮在军队中也流行开来。

明清时期，就有了狮子由海上进贡的记载：

通使西洋……宣示威德……自是蛮邦绝域……亦皆奉表献琛，接踵中国……殊方珍异之麒麟、狮、犀、天马、神鹿、白象、火鸡诸奇畜，咸充廷宝。

明代航海家郑和下西洋时，在归国献纳物品时就有"明月之珠……麟、狮、孔翠之奇……皆充船而归。"

到了清代，有记载说：

康熙乙卯秋，西洋遣使入贡，品物中有神狮一头，乃系之后苑铁栅，未数日逸去，其行如奔雷快电。

由此可见，当年狮子来到我国，在早期非常明显由陆地沿丝绸之路进入，明清起又添加了海上进入我国的线路。但这外来的狮子数量极为有限，作为异兽，历史上只供皇家观赏，民间无缘一见。因此，人们就认为狮子特别神秘。

随着时间的推移，对狮子的信仰、崇拜在我国及华人中广泛传播，经过逐步演变、进化、完善，成为无所不在的狮膜拜，并人为地给狮子以神化，增加了避邪、镇煞、防火、制风的功能。

还有，由于佛教在我国的传播，引起了人们对狮子的崇拜。佛教中的文殊菩萨就骑着狮子，所有文殊雕塑均有狮子。人们接受佛教，就必然要接触文殊菩

文殊菩萨 音译作文殊师利、曼殊室利、满祖室哩，意译为妙德、妙吉祥、妙乐、法王子。又称文殊师利童真、孺童文殊菩萨。为我国佛教四大菩萨之一，一般称文殊师利菩萨，与普贤菩萨同为释迦佛之胁侍，分别表示佛智、佛慧之别德。所乘之狮子，象征其威猛。

驱邪降魔

舞狮文化

■ 元宵节舞狮表演

萨，也必然知晓他的坐骑狮子。在佛教发祥地，佛祖均有狮子坐骑。在我国，佛祖同样有狮子坐骑，这些均给人们以认识狮子的机会，同时把狮子传奇化了。

在《楞严经》中，有"我于佛前，助佛转轮，因狮子吼，成阿罗汉"之句。许多佛教经典均提到"狮子吼"。说佛家说法声音震动世界，如狮子作吼，群兽慑伏，故云"狮子吼"。由佛教传入狮子形象，再由佛经宣扬"狮子吼"形象，这都直接与佛祖有关。

■ 春节庙会舞狮

人们将佛法无边的佛祖弘法看为"狮子吼"，于是佛教徒对狮子便产生了敬畏。佛教中狮子的功能以护法为主，且威严尊重，于是被人们所仿效。

我国其他教派也吸收了狮子护法的传统说明。我国道教甚至直接吸收了佛教狮子座的方式，如北朝时期的道教就有狮子座。我国其他地方宗教传播也多有狮子。各少数民族如回族、蒙古族、藏族、维吾尔族等信奉不同的宗教，各宗教寺庙与各民族主要聚居地均有形态各异的狮子出现，其中均渗入了本民族、本地区、本宗教的文化。

除我国少数民族和各种宗教之外，我国汉族聚居

《楞严经》 全称《大佛顶如来密因修证了义诸菩萨万行首楞严经》，又名《中印度那烂陀大道场经》，简称《楞严经》《首楞严经》《大佛顶经》《大佛顶首楞严经》。唐般刺蜜帝译。10卷。我国历代皆视此经为佛教主要经典之一。

地广袤的土地上，狮子总是无处不在，除与佛教有关外，墓前护卫狮直至宫廷衙门狮、府宅狮、道路桥梁狮等，再加各种各样的狮型艺术品、狮子戏、狮子舞等，多得简直令人无法细述。

我国崇拜狮子在全国蔚然成风，狮子简直成为了一种图腾。尤其是在清代，舞狮风气十分盛行。引狮者会穿上彩衣，手执绳子，系上一个五色耍球，引领狮子起舞，场面十分欢快热烈。

由于狮子与佛祖相生同在，狮子的护法功能与其本身的威猛，善于造神的人们便不断地传说、创造、衍化，使百兽之王的狮子成为了可以辟邪、镇煞的神兽。民间也将狮子像崇拜老虎一样引入了平民百姓之家，狮子的功能也逐渐由装饰性转向实用性，那就是避邪、镇煞、制风、防火等。

我国狮文化随着真狮入贡、佛教传入逐步形成，然后不断发展、扩大。它也像所有外来文化一样，走过艰难曲折，最后融入我国文化，被吸收和充实，然后异军突起，独树一帜，成为具有中国特色的狮文化，完全不同于原狮子产地及传播地的狮文化，成为了我国传统文化的标志之一。

阅读链接

相传西周姜太公封神时，有些神没有被封上，一怒之下，便到人间散发瘟疫，玉皇大帝命狮子下凡，扑灭瘟疫，功成之后，得封狮王。于是人们认为狮子可以驱走瘟疫，慢慢地就形成了舞狮驱疫的风俗了。

类似的传说还有，狮子在天上干了坏事，被玉皇大帝斩了，王母娘娘可怜它，就给它身上披了一块能避邪的红布。舞狮的兴起主要就是因它身上披了王母所赐的一块可以避邪的红布。

不同流派的南狮北舞

高空醒狮

　　狮舞在1000多年的发展过程中，形成了南北两种表演风格。最初北狮在长江以北较为流行，而南狮则是流行于华南。也有将两者融合的舞法，主要是用南狮的狮子，走北狮的步法，称为"南狮北舞"。

　　北派狮舞以表演"武狮"为主，即魏武帝钦定的北魏"瑞狮"。小狮由一人舞，大狮由双人舞，一人站立舞狮头，一人弯腰舞狮身和狮尾。

　　舞狮人全身披包狮被，下穿和狮身相同毛色的舞狮裤和

■ 舞狮表演

金爪蹄靴，人们无法辨认舞狮人的形体，它的外形和真狮极为相似。

引狮人以古代武士装扮，手握旋转绣球，配以京锣、鼓钹、逗引瑞狮。狮子在狮子郎的引导下，表演腾翻、扑跌、跳跃、登高、朝拜等技巧，并有走梅花桩、蹿桌子、踩滚球等高难度动作。

豫西狮舞起源于洛阳，盛传于中原大地，其表演具有王者风范，以大方洒脱、细腻传神、高空作业、惊险繁杂、技艺精湛、阵容庞大、充满智慧，而成为我国北派狮舞的优秀代表。

北派狮舞不表现故事情节，更与南派狮舞不同，不注重用顽皮和诙谐的动作表现极富人情味的拟人化狮子，而是通过大幅度、粗犷、刚劲有力的舞姿，再现狮子威武刚烈的气质和勇猛、矫健、灵活的神态。

魏武帝（115—220），即曹操，字孟德，东汉杰出的政治家、军事家、文学家、书法家。三国时曹魏政权的缔造者，对内消灭吕布、刘表、韩遂等割据势力，对外降服南匈奴、乌桓、鲜卑等，统一了我国北方，并实行一系列政策恢复经济和社会秩序，奠定了曹魏立国的基础。

■ 舞狮表演

秋千 荡秋千是中华大地上很多民族共有的游艺竞技项目。其起源可追溯到几十万年前的上古时代。那时，我们的祖先为了谋生，不得不上树采摘野果或猎取野兽。在攀缘和奔跑中，他们往往抓住粗壮的蔓生植物，依靠藤条的摇荡摆动，上树或跨越沟涧，这是秋千最原始的雏形。

狮舞在豫西有着深厚的民间土壤，洛阳"大里王狮舞社"和巩义"小相狮舞社"等民间文艺队伍传承关系清晰，行当齐全，套路完整，是中原传统文化的骄傲。

大里王狮舞属典型北派狮舞，洒脱中显得稳重，大方中不乏细腻。表演狮舞时，一人在前顶狮头，一人在后拱狮尾。舞狮人全身披红色狮皮，下身穿同色裤子。一般为两只或多只狮子一齐上场，偶尔也可独只表演，狮子由一人持绣球引领。

大里王狮舞表演分"文狮"与"武狮"。文狮表演又分地面和桌面两种，都有一定套路。领舞人与狮子配合默契，无论亮相、造型还是场面调度，均给人以美感。有时也穿插一些幽默搞笑动作，如"狮子下娃"等。

武狮表演难度更高，摞板凳、上老杆、荡秋千、爬梯子、上天桥等项目，均是艺人在无任何防护措施的情况下进行的高难度表演，让观众紧张得连大气也不敢出，很是惊心动魄。

狮舞流传既久，也较为普及。狮城沧州人酷爱狮舞，这大概承袭了国宝铁狮子的文化脉缘，又因循了"武术之乡"和"杂技之乡"的文化积淀和涵养。每到逢年过节、集日庙会、农闲小憩，在沧州的城乡几乎随处可见学狮、练狮、舞狮的人群。

沧州人舞狮越舞越红火，且不甘拘泥于常规俗套，武乡和杂技的血脉促使舞狮人大胆实践，不断探索新的形式和创造新的套路，也就被沧州人舞出了狮舞的学问和别具创见的风格。因而，也就涌现了被人们称为"双狮王"的沧县南小营狮舞队和刘吉狮舞队。

从表现形式上说，沧州狮舞把武术和杂技的动作技巧融入了狮舞之中。在套路和结构上大胆进行创新，以展示雄狮的威武刚劲为主，把力与美、刚与柔、文与武、火与温、粗与细、庄与谐融为一体。

编排创造出了狮舞中前所未有的"立体直转""顶腰旋转""荷花怒放""高台翻滚""蹬椅戏逗""叠狮抖威"和"筋斗穿越"等高难度、大动作的表演技巧和形式。

除此之外，人们还着意加强了配乐的节奏感和铿锵力度，奇波迭起，振势生戏，使沧州狮舞别开生面，鲜明地展示了火爆热烈、勇猛

■ 舞狮表演

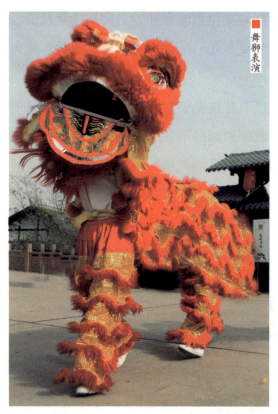

惊险、刚柔相济、出神入化的艺术审美和个性特色，张扬并强化了沧州狮舞的独特的艺术感染力。

纵观北派狮舞，其具有极高的历史价值、艺术价值和社会价值。

南派狮舞又称"醒狮"，造型较为威猛，舞动时注重马步。南狮主要是靠舞者的动作表现出威猛的狮子形态，一般只会两人舞一头。

狮头以戏曲面谱作鉴，色彩艳丽，制造考究；眼帘，嘴都可动。严格来说，南狮的狮头不太像是狮子头，有人甚至认为南狮较为接近年兽。南狮的狮头还有一只角，传闻以前会用铁做，以应付舞狮时经常出现的武斗。

传统上，南狮狮头有刘备、关羽、张飞之分。三种狮头，不单颜色，装饰不同，舞法也根据三位古人的性格而异。

南狮的舞动造型很多，有起势、常态、奋起、疑进、抓痒、迎宝、施礼、惊跃、审视、酣睡、出洞、发威、过山、上楼台等。舞者透过不同的马步，配合狮头动作，把各种造型抽象地表现出来。因此，此南狮讲究的是意在和神似。

南狮有出洞、上山、巡山会狮、采青、入洞等表演方式。其中采青最为常见。

相传，采青原来是有"反清复明"之意。"青"用的是生菜。把生菜用红包悬挂起来，狮在青前舞数回，表现犹豫，然后一跃而起，把青菜一口吃掉，再嚼碎吐出，再向大家致意。

为了增加娱乐性，采青有时还会用上特技动作，例如上肩，即舞狮头者站在狮尾者肩上，叠罗汉，上杆或者过梅花桩等。

舞南狮时会配以大锣、大鼓、大钹。狮的舞动要配合音乐的节奏。舞南狮有时还会有一人扮作"大头佛"，手执葵扇带领。

舞狮之前通常还会举行"点睛"仪式。仪式由主礼嘉宾进行，把朱砂涂在狮的眼睛上，象征给予生命。

南狮以广东为中心，虽也是双人舞，但舞狮人下穿灯笼裤，上面仅仅披着一块彩色的狮被而舞。

与北狮不同的是，南师引狮人头戴大头佛面具，身穿长袍，腰束彩带，手握葵扇而逗引狮子，以此舞出各种优美的招式，动作滑稽风趣。

南狮流派众多，有清远、英德的"鸡公狮"，广州、佛山的"大头狮"，高鹤、中山的"鸭嘴狮"，东莞的"麒麟狮"等。

无论是北狮舞还是南狮舞，人们都把狮子当作雄伟、威猛与吉祥的象征。舞狮运动所具有的精彩热烈、气势非凡及充满吉祥欢乐，已为纷繁的节日平添了几分喜庆，并不断被传承。

阅读链接

我国南狮在广东，广东南狮源自佛山。佛山是南狮的发源地，佛山的龙狮运动更是走在国内和国际发展的前列，历届比赛一直名列前茅。

佛山南狮有如佛山咏春拳一样，有"狮王之王"之美誉。佛山的传统"三星""七星"狮，技艺精湛，神、形、态美，是难得的一种民间文化艺术。佛山狮在中华人民共和国成立五十周年大庆中，代表广东省在北京天安门广场向党中央和全国人民及向全世界作表演，显尽风彩。在全国九运全开幕式上更是独领风骚，尽显佛山狮的光彩。

富有特色的各地狮舞

■ 舞狮表演

我国幅员辽阔，风俗习惯不尽相同，因而各地舞狮习俗也有各自不同的特点。

舞狮在广东阳江称为舞狮子。其中"舞"字，阳江话读"蒙"音，"狮子"则念"是子"，词义一样。这是避讳，因"狮"阳江音同"输"，不吉利。

旧时阳江，大凡有喜庆必放爆竹舞狮子，尤其是春节贺岁。大年初一清晨就有狮子拜屋。民间认为，狮子在门前张口伸舌摇头摆脑一番，那些躲在屋角旮旯中的恶鬼邪魔就会一扫而光，因而视此有"旺屋"作用，均恭敬而庄严地给舞狮者奉送红包。

刚建新屋的人家，会特意邀请舞狮者进入屋中，逐层楼房舞拜。新婚夫妇想早生男孩，还会请狮子进入卧房中，让它在自己的睡床上翻滚一番。因为阳江话中狮子与是子谐音，狮子上床也就暗喻是子上床的好兆头。

有钱人家和商铺会请舞狮队作专场表演。舞狮通常还有各种武术表演，高潮就是狮子采青。

■ 舞狮表演

主家在楼上用竹竿高高地挑起一个大红包，旁边捆着一棵青菜，舞狮队就地搭起人梯，让狮子边舞边沿着人梯向上爬，攀登至顶端，张口把那红包和青菜吃进口中。

河北徐水县北里舞狮，可说是历史悠久、源远流长，素有北狮"狮舞之乡"的美称。明清时期就以花会的形势在张家庙会、逢年过节等重大事件场合中演出。全村上至古稀老者，下到儿童，人人披挂，个个练习，创造出许多绝活。

狮舞分为文狮和舞狮，文狮表现狮子的静态和性

大年初一 农历新年的第一天。正月初一古称元日、元辰、元正、元朔、元旦、岁旦、岁首、岁朝、新正、首祚、三元或年、过年。自汉武帝太初元年始，以夏年正月初一为"岁首"，年节的日期由此固定下来。年节古称"元旦"。

■ 舞狮表演

壮族 我国人口最少的少数民族。壮族有自己的语言，我国学者将之归类为汉藏语系壮侗语族壮傣语支，主要分南北两大方言。壮族传统文字是在汉字基础上创造的"土俗字"。从我国的唐代开始，"土俗字"在民间使用，也叫作古壮字。

格温柔的一面，恐吓时的怕，互相亲密时的吻，期待时的盼，以及搔痒、舔毛、伸腰、打滚、掏耳朵、打舒张等，形态细腻逼真，憨态可掬，惟妙惟肖。

舞狮正是技高一筹，通过狮子的翻山越涧、登山直立，跳、转、腾、扑等动作，表现狮子的动态和性格凶猛的一面，尤其是梅花桩、三狮踩球的表演，更是独具匠心，惊险纷呈，令人叹为观止。

田阳壮族舞狮，有高难、惊险、奇美的特点，体现浓郁的民族特色。

有史料记载以来，田阳舞狮已经流传了450多年，并逐渐由以拜年、庆典、助兴为主的地面舞狮，发展到拥有"狮子上金山""狮子过天桥""刀尖狮技""高桩飞狮"和"金狮雄风"等一系列绝技的高空表演，誉满天下。

田阳壮族舞狮套路多，节目丰富，技术精湛，融武术、舞蹈、杂技于一体。从性质上，舞狮可分为地狮和高空狮两种。地面舞狮属文派舞狮，以活泼可爱的顽皮形象为特点，主要在地面表演闪、扑、挪、腾、滚或滑稽动作逗引人们。

狮子由戴着顽皮马骝和满脸笑容的大头佛面具的队员一前一后带路引逗，在爆竹声和锣鼓打击乐的配合下表演，一般用于节日庆祝、拜年、祝贺、集会、婚庆、参军等活动。

高空舞狮属武派舞狮，主要特点是把武术、杂技、舞蹈动作融进舞狮中，以高台表演为主，一般由一名手持狮珠的引狮者带路、逗引狮子表演各种扣人心弦的造型动作，可攀上20多张高凳叠起的金山上施展雄姿，可在半空高悬的钢索绳子上翻滚跳跃，如履平地，可在刀尖上表演顶肚旋转等。

关于壮族舞狮还有一个传说：相传远古时候，人们生活在丘陵和深山密林地带，野兽出没，壮族先民们常受其骚扰，农作物被破坏。

为了赶走野兽，确保人畜安全、粮食丰收，壮族先民们想出了以兽赶兽的办法，仿制兽中之王狮子，鸣锣擂鼓，舞动狮子，夜间还燃起火把，以驱赶群兽。于是，狮子就成为了壮族先民眼中的功臣和吉祥象征，逢年过节都舞起狮子庆贺祝愿。

福建福清舞狮有着悠

■ 舞狮表演

龙凤图腾

龙凤崇拜与舞龙舞狮

■ 舞狮表演

南少林 我国武学门派之一。南少林武术发源地，由五祖拳、太祖拳、白鹤拳、梅花拳等拳种构成了独特而博大精深的拳术系统；是泉州历史文化的重要内涵，也是中华传统武术中的宝贵遗产。明清以来，南少林武术薪火相传，有极强的传统继承性和凝聚力。

久的历史，每当"爆竹一声除旧岁"时，在福清的城镇和乡村，传统的舞狮活动就伴随着送暖的春风和欢乐的锣鼓，为一年一度的新春佳节增添了浓郁的欢乐气氛。

在南少林的发祥地福清，非常流行南派舞狮，它与传统武术联系紧密，舞狮由习武者演练，种种复杂的动作也只有会武功的人才能完成。

福清狮子舞较为有特色的有龙田、海口等乡镇的麒麟狮，在狮子的外形分类有大头狮、鸡公狮、鸭嘴狮等。

狮皮乃麻丝之类所制，麒麟狮外壳是竹篾结构，砂纸粘贴，箔绸作里，狮头涂上五彩缤纷的颜色，活像一头威武雄壮的真狮子。前额还装上一面镜子等，头上吊起四只绣花球，眼睛安上玻璃球，显得更加闪闪发光，光彩夺目。

福清狮子舞一般都是通过睡狮、出洞、采青、吃青、醉青、醒狮等步骤，狮子由一人扮成的小狮和两个配合的大狮，大狮内一人托狮头，另一人双手抓住前者的腰部俯身向前，舞狮时，持彩球者在前面引狮出场，有一球一狮，也有两球两狮，或一球两狮加一小狮等。

有闭目睁眼、摇头摆尾、抓痒、打滚、跳跃、舔球、戏球、滚大球、双狮争球、跳桌、过跳板、过高桩等高难度动作。舞狮还不离碎步、马步、弓步、虚步、行步、插步、麒麟步、内外转身摆脚等。

舞狮的动作生动活泼，令人喜爱，造型套路甚多，喜则欢而碎步，怒则气冲牛斗，哀则闭眼稳步，乐则跃而跨步。舞狮时配以打击乐，放鞭炮焰火等。

据文献记载，舞狮属于杂技一种，到了清代舞狮就与武术开始联系起来，习武练艺，成为一种提倡尚武精神的风气。

每逢新春佳节，广西漓江沿河的水上人家，包括船民和渔民，都有舞狮的习俗。

水上舞狮与其他地方不同，多是舞瑞狮。在旧时，老一辈舞狮武艺高超，多数能爬上木帆船的桅杆或上四层人梯。

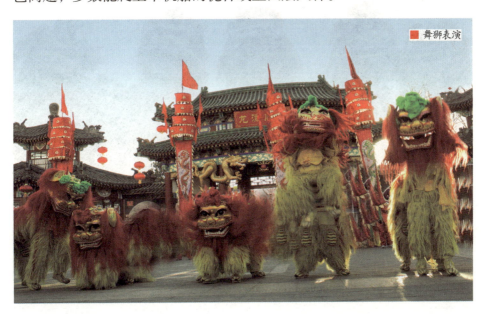

■ 舞狮表演

所谓人梯是用人来搭建，第一层为12个人围成做底层，第二层用6个人踩在第一层的人肩上，第三层用2个人踩在第二层的人肩上，最后一层是1个人，那就是青猴踩在第三层两人肩上。4层人梯足有八九米高。

青猴从第一层上到第三层后进行"取青"。所谓取青，就是红包、水果、食品之类的东西。青猴在取青时，还要在人梯上表演一番，动作十分惊险。

取青到手后，从八九米高的人梯上翻跟斗下来。紧接着瑞狮在沙洲上"踩堂"一场。在沙洲中的八仙桌表演，那就是舞狮的拿手好戏。

瑞狮就会随着锣鼓的节奏声跃上八仙桌面，从八仙桌的第一个角开始，每一个角都要舔过，表示向大家拜年致意，舞姿动作十分精彩逗人。

同时还有笑脸罗汉伴舞，瑞狮舞罢，各种武术表演出场，从猴拳、单棍、双棍，到双刀、三杈、板凳、大刀等器械武术表演，使人难以忘却，不愿离去。一趟踩下来需要个把小时，场面极为热烈，情

舞狮表演

趣盎然。

瑞狮头儿也忙得不亦乐乎，首先在舞狮之前，每家都要发出帖子，意思是瑞狮要到你家拜年，各家各户做好准备，迎接瑞狮，迎接新年瑞气，给你带来吉祥如意和安康。

瑞狮到各家各户拜完年后，由头儿再发"谢贴"表示感谢，同时祝愿新年瑞气盈门、四季平安。

狮子在我国人心目中为瑞兽，象征着吉祥如意。各地人们在舞狮活动中，寄托了民众消灾除害、求吉纳福的美好意愿。

过年舞狮

阅读链接

在广东揭西民间，当地也有关于舞狮的传说。相传很久以前，大地上风和日丽，山花烂漫，自由自在，忧如仙境。

有一天，天上忽然飞来一只金毛狮子，独霸大地，伤噬万物，欢乐的大地顿时陷于死寂。大慈大悲的西天佛祖见状，为了普救众生，指派沙和尚下凡，施展神通，制服金狮，命令它皈依佛门，为众生造福。金狮依法，与灵猴为友，每年春节前夕将至，为众生驱除灾病瘟疫，岁岁如是，遂成舞狮的风俗。

悠久灿烂的舞狮文化

舞狮表演

舞狮运动是我国传统的民间体育活动，自诞生已有1000多年的历史，自古以来深受大众的喜爱，且历代相传，形成了极其灿烂的舞狮文化。

有史以来青狮就寄托着人们驱魔辟邪、纳福迎祥的美好愿望。

在佛教典籍中，青狮就是文殊菩萨的坐骑，与普贤菩萨的坐骑白象齐名，为佛教的两大神兽。故在潮汕民间只要是国家庆典、神诞祭

■ 舞狮表演

典、欢庆春节、住宅奠基、迎神赛会等各种活动，都有舞青狮的习俗，祈求国泰民安、风调雨顺、万事如意。

青狮作为传统潮汕狮，其体形硕大，外表狰狞威猛，目如铜铃，口似血盆，与其他狮种有着明显的区别。特别是一抹洁白的眉毛分外醒目，自古民间就有"青狮白目眉"和"狮王"的美誉。

青狮与醒狮相比，无论从外形或者重量上，都要超出一倍多。醒狮轻巧灵活，一般人稍加培训就能作简单的表演。而青狮狮头硕大沉重，最重的有十多公斤，动作幅度大，一般人舞动几下就气喘吁吁。所以，青狮的舞狮者必须经过专门的严格训练，需较高的武术造诣才具备舞青狮的基础。

据潮汕民间典籍记载：潮汕的狮子一般分为青、红、黑3种颜色，代表三国桃园结义的刘、关、张三雄，其中，以青狮为最大。

普贤菩萨 曾译作遍吉菩萨，音译为三曼多跋陀罗，我国佛教四大菩萨之一。是象征着理德、行德的菩萨，同文殊菩萨的智德、正德相对应，是娑婆世界释迦牟尼佛的右、左胁侍，被称为"华严三圣"。普贤菩萨是大乘菩萨的代表，象征着大乘佛教的精神。

■ 舞狮表演

以前，舞青狮代表舞狮中的最高级别，没有实力的狮队都选择舞红狮和黑狮，不敢舞青狮。如果几支狮队在路上相遇，其他狮队都应该避让，让青狮队先行。

据普宁《客家风俗志》记载，当地所舞的狮分青狮、红狮、猫狮3种。主要根据狮班本身功夫高低深浅而定。青狮白眉，为武功最强者，一般多不敢滥称；红狮代表武功中等的，最为普遍；猫狮为少年儿童所舞，功夫较浅。

青狮的影响还遍及福建和台湾南部。据福建《漳州府志》记载，漳州和泉州狮根据武艺的高低不同，分为"青狮白目眉""青狮"和"乌狮"3个等级，以青色狮兼画白眉毛的狮队武艺为最高强。

泉州很早就流传着一句俗话："青狮白目眉，有本事任你来。"漳州白湫坑就曾有青狮白目眉口咬利剑样式的泉州狮。德化赤水《许氏家谱》、西敦《林氏家谱》等记载，舞狮按武艺高低分等级，其中以号称青狮白目眉的武艺为最高强，一般的狮队都不敢舞青狮。

由此可见，青狮一直以来在我国的舞狮文化中都占据着重要的地位，青狮白目眉在各种狮队中都是公认的狮王。

采青 我国传统舞狮活动的一个固定环节，是舞狮活动的高潮。采青一般包括操青、惊青、食青、吐青等套路。当彩礼用竹竿挑起高悬时，舞狮人会搭人梯登高采摘，人梯搭得越高，则技艺越高，挂青者多会图得吉利。

在中华几千年的灿烂文明中，舞狮作为一种代表性文化，起到向世界传播中华文明和友谊的重要桥梁作用。青狮文化可以说是中华舞狮文化中一颗璀璨的明珠。

新化舞狮的造型为圆大的狮头，黑亮有神的眼睛，前伸而突出的鼻子，开合夸张的阔嘴，微微颤动的双耳，五官起伏有致，头顶用彩绸，扎成的彩球映衬，显得狮子威猛雄壮，憨态可掬。头顶彩球红色为雄，绿色为雌。狮脖有响铃，摇头晃脑的时候则叮当作响，煞是惹人喜爱。

新化舞狮的表演动作主要有：飞行旋角、雄狮敬礼、双狮抢宝、狮子拜案、抢登高楼、群狮嬉炮、腾空直立、旋背、舔毛、抖擞、采青等。

其中以抢登高楼尤为精彩，8只狮子分成两面，每面4只，往高处抢登，至顶层狭路相让后，团身四拜，再口吐对联致以祝福，整个过程惊心动魄，摄人心魂。

每表演到此节，四面观众无不屏住呼吸，胆小者竟不敢再睹。技

■ 舞狮表演

■ 舞狮表演

艺娴熟，武艺高超，配合默契的舞狮者可抢登六层高台。

六层高台由21张八仙桌叠加而成。即第一层将6张桌子列成"一"字形，第二层五张，第三层四张，依此递减，第六层一张。从第一至第六层按"品"字结构摆放整齐、扎实。

舞狮时，狮子分别从两端逐层由下往上抢登，每抢登一层都会做出舔毛、抖擞、摇头、休憩、抻身、踢腿等动作，直至顶层双狮狭路相让通行后，又在上面做直立、拱腰、腾跃、打逗、抢宝等各种高难动作，然后衔吐对联以示祝福或祈祷吉祥，完毕再从顶层依次跳跃而下继而满场奔舞。场面宏大，气势恢弘。

新化舞狮经久不衰，有其深刻的历史缘由。公元1413年，明成祖朱棣有感于黔中蛮夷之地民风强悍，不闻圣听，不服教化。于是便下诏书，在湘黔桂三省交界的荆蛮之地，兴建起了一座名为新化的府城，它隶属思州宣抚司以寓教化、惠泽苗侗之民。

1434年，新化府因地狭人稀遂撤府立建新化千户所，并入黎平府。新化所、平茶所、隆里所，三千户所一起从属五开卫拱卫黎平。

为巩卫府城，镇抚当地苗侗人民，明朝廷先后在

八仙桌　我国传统家具之一，指桌面四边长度相等的、桌面较宽的方桌，大方桌四边，每边可坐2人，四边围坐8人，因此民间雅称八仙桌。由于八仙桌的桌面比较大，所以除柴木外很少有整块料做成的桌面。

不同时期，从江西、山东等中原省份调集军民于此戍守。大量军民涌入这一蛮荒之地，军粮补给是一个很大的问题。于是明成祖再下诏：

临边险要之地，守多于屯；地僻处及输粮艰者，屯多于守。

戍守将士便开始了屯田自给，战时为军闲时为农。不经意间，贵州高原一种特有的民居现象屯保蔚然而成。

新化的军屯士兵都是从中原地区迁徙而来，他们在中原地区农耕休闲时还有很多娱乐活动，来到如此荒野之地，除了打仗就是种田，然后是没完没了的训练，单调而乏味。

困则生变，在烦闷之余，他们想起以前在家乡那些丰富多彩的文化生活，不禁梦牵魂绕。于是，曾经只在中原地区流行的耍龙、舞狮、唱戏等文化娱乐方式，渐渐在军屯中悄然兴起。

因军人的阳刚之气，新化所屯堡军人对粗犷勇

明成祖（1360—1424），朱棣，明太祖朱元璋第四子。明代第三位皇帝，年号永乐。在位期间，巩固了南北边防，维护了我国版图的统一与完整。多次派郑和下西洋，加强了中外友好往来。编修《永乐大典》，疏浚大运河，被后世称为"永乐大帝"。

■ 舞狮表演

驱邪降魔

舞狮文化

▪ 舞狮表演

武，刚毅彪悍，腾挪飞旋的北派舞狮格外情有独钟。此种娱乐健身方式在劳动之余的闲暇之时组织几个人就能舞出一片精彩。尤其在军事训练当中最有效，既能强身健体，又可训练协同作战攻城，还可娱情怡志。因而，那时的新化军户凡男丁皆能舞狮。

斗转星移，军屯渐渐湮灭于历史烟尘中，但新化舞狮作为屯堡尚武文化的遗存，却从此扎根于这块不再荒蛮的土地。凡喜庆如添丁、嫁娶、各种节日等，新化的百姓都相互以舞狮共贺之。

特别是每年春节期间从正月初一至正月十五，新化所城东南西北四门的居民都会组织自己的舞狮队进行表演、庆贺。不知何时起，舞狮俨然已成为新化的地方形象，沿袭了下来。

舞狮是一项古朴的民间技艺。河北徐水舞狮经过几代人不懈的努力，被誉为"北狮之宗"。

徐水舞狮从扮演形式上有双人狮和单人狮之分。双人狮是两个人合扮一头狮子，在舞狮中为多。前者双手握着狮头道具戴在头上，后者俯身用双手紧抓住前者的腰带，身披用麻、羊毛纺织加工而成的狮皮，两人紧密配合完成各种动作。

单人扮演的小狮子，也叫"少狮"，狮皮与四肢是连在一起的整体装束。引逗狮子的角色称狮童或引狮郎由武士装扮，手拿绣球引狮起舞，动作以翻、腾、亮相为主。舞狮表演中以打击乐器伴奏，为烘托气氛。

徐水舞狮在表演形式上有"文狮"和"武狮"之分。文狮重在表现狮子的活泼神态和温顺嬉戏的性格，通过演员的肢体活动，表现狮子搔痒、打滚、抖毛、舔毛、弯弓、嘴爪、掏耳朵和打舒展等习惯性动作，感情细腻，憨态可掬。

武狮则是技艺叫绝，通过"狮子出洞""翻山越涧"和"登山直立""踩球过桥"和跳、转、腾、扑等动作，把狮子凶猛的各类动作表现得淋漓尽致、惟妙惟肖，尤其是在"梅花桩上空翻"和"多狮踩球过桥"的表演，更是匠心独运，令人叹为观止。

徐水舞狮艺技主要表现在凳、桌、桩、板四门功课上，有托举、打滚、甩尾、翻、跳、多狮过桥等50多个难度较大的动作作为北狮的

■舞狮表演

艺术形式，显示了它的魅力。尤其是"四狮踩球过桥"和梅花桩上"单腿旋转360度"的绝活，使人观而生畏，惊而喝彩。

舞狮文化丰富了人们的生活，有利于具有我国特色的古老文化的传承。

舞狮作为民族传统体育中的一项内容，它的产生和发展是与中华民族的传统文化一脉相承的。唐代以后，狮子舞在民间广为流传，并遍及全国各地，后经世世代代的传承和发展，早已褪尽了西域色彩，变成人们极为喜爱的一项现代体育运动，并成为全民健身运动的重要组成部分。

由于舞狮具有民族性、表演性、娱乐性、审美性、健身性及教育性等功能，因而一直受到人们的青睐和喜爱。伴随着舞狮运动的不断发展，舞狮艺术也日臻完善，舞狮作为中华传统体育文化的一项运动，成为世界体育文化的组成部分。

舞狮运动是中华民族的传统体育活动，且具有浓郁的中华民族特色和悠久的历史文化背景。由于舞狮运动的不断深入、发展与普及，舞狮这项独具中国特色的文化运动已被世人所瞩目。

阅读链接

传说在远古的崇山峻岭中，有一头修炼千年的狮子经常作恶吃人。皇帝派兵讨伐，也没法收服它。玉皇大帝闻报，只好指派紫薇星君下凡伏狮。紫薇星君得终南山大头和尚相助，与狮子展开搏斗，久战而未见胜负。不过，经过如此抗衡之后，狮子精疲力竭，渐渐改变了性情，在紫薇星君和大头和尚牵制之下，四处戏耍悠游。他们所到之处，人畜兴旺，五谷丰登。

后来，人们仿照狮子、紫薇星君、和尚戏耍的动作，渐渐形成了舞狮。由于舞狮象征吉利又有娱人的特点，因此成了民间迎春的传统节目。